T0303068

JESÚS

TAMBIÉN DE MAX LUCADO

MAX LUCADO

JESÚS

*El Dios que sabe
tu nombre*

GRUPO NELSON
Desde 1798

NASHVILLE   MÉXICO DF.   RÍO DE JANEIRO

Denalyn y yo dedicamos alegremente este libro
a nuestro yerno Jeff Jones.
Todos los que te conocen son mejores personas por eso.
¡Gracias por amar a nuestra hija! Te amamos de verdad.

Contenido

MAESTRO

HACEDOR DE MILAGROS

CORDERO DE DIOS

EL REY QUE VENDRÁ OTRA VEZ

Reconocimientos

Quiero agradecer a mis buenos amigos en HarperCollins Christian Publishing por su apoyo extraordinario. Mark Schoenwald, David Moberg, Brian Hampton, Janene MacIvor, Jessalyn Foggy y Mark Glesne abogaron por este proyecto de principio a fin. Añade a esa lista los nombres de nuestro equipo editorial: Karen Hill, Steve y Cheryl Green, Greg y Susan Ligon. Mi hija Andrea Lucado hizo excelentes aportaciones editoriales. Y Carol Bartley, el sueño hecho realidad de cualquier autor, aplicó sus destrezas como correctora. En definitiva, fue un esfuerzo en equipo gigantesco.

Introducción

Carinette tiene una chispa. Una expresión particular. Un brillo en sus ojos. Anda a saltitos. Es una de los cincuenta y siete niños y niñas en un orfanato en Haití: todos de piel oscura, con ojos vivarachos, cabello rizado, divertidos, y hablan creole. Todos son adorables. Pero esta niñita de siete años sobresale de los demás. No es porque reciba atención especial. Ella come el mismo arroz y frijoles que comen los demás, y juega en el mismo patio sin grama. Duerme bajo el mismo techo de hojalata como las otras niñas y escucha casi todas las noches el ruido de la lluvia al caer. Su rutina es idéntica a la de los otros niños. Pero ella es diferente.

¿La razón? Pregúntale a ella. Pregúntale a Carinette sobre los visitantes que viajaron de un mundo lejano solo para verla. Ellos estaban buscando a una niña, una niñita; una niñita justo como ella. Ellos sabían su nombre. Sabían cuál era su canción favorita. Ellos sabían que a ella le encanta hojear libros y saltar la cuerda. Y, en un momento que cambió su vida para siempre, ellos la invitaron a vivir con ellos.

«Ellos vienen a buscarme», te dirá.

Pídele que te enseñe las fotos del que pronto será su hogar, y te las mostrará. Si no se lo pides, como quiera te las mostrará. Sus padres adoptivos le trajeron fotos, un oso de peluche, barras de granola y galletas. Compartió las golosinas con sus amigas y le pidió al director que le guardara el osito, pero se quedó con las fotos.

Estas le recuerdan al padre que la conoce. Le recuerdan el hogar que está esperando por ella. Las fotografías la convencen de creer lo increíble: alguien sabe su nombre y ha prometido llevarla a casa.

Como resultado, Carinette es diferente. Todavía vive en el mismo orfanato, juega en el mismo patio, come en el mismo comedor. Pero su mundo cambió el día que le dijeron que alguien a la distancia sabe su nombre y viene a buscarla.

¿Estarías dispuesto a creer lo mismo?

¿Puedes hacerte la idea de un padre, un Padre celestial, que te conoce? ¿De un hogar futuro que está esperando por ti? ¿Considerarías esta idea transformadora: el Dios todopoderoso y omnisciente está encariñado contigo? Cada detalle sobre ti, él lo conoce. Tus intereses, tus complejos. Tus miedos y fracasos. Él te conoce.

Sobre sus hijos, Dios dice: «El Señor escudriña todo corazón y discierne todo pensamiento» (1 Crónicas 28.9).

Él te considera como «la niña de los ojos» (Zacarías 2.8).

Él puede «compadecerse de nuestras debilidades» (Hebreos 4.15).

El rey David escribió: «Cuando mi espíritu se angustiaba dentro de mí, tú conociste mi senda» (Salmos 142.3, rvr1960).

«Él conoce mi camino», declaró Job (Job 23.10, rvr1960).

¿Conoces a este Dios que te conoce?

———

Él sabe tu nombre. Y no ve la hora de llevarte a casa.

Supe de la historia del orfanato Cap-Haïtien, no porque haya viajado a Haití, sino porque estaba parado en el vestíbulo de la iglesia. Soy pastor. Igual que otros pastores, me gusta saludar a la gente después de los servicios en la iglesia. Y, como otros pastores, soy una audiencia cautiva para los padres y abuelos que quieren alardear de las nuevas adiciones a la familia. He tenido en mis brazos a más bebés de los que puedo contar y he mirado más fotos que un fotógrafo. Pero no puedo recordar haberme sorprendido tanto como el día en que Dan quiso enseñarme la foto de su nueva hija.

La niña en la foto se sonreía de oreja a oreja, llevaba una cinta rosada y tenía la piel del color del chocolate.

El hombre que me enseñó la foto se sonreía de oreja a oreja, llevaba botas de vaquero y sombrero, y tenía la piel del color de Cásper, «el fantasma amistoso».

«¿Hija?».

Fue entonces cuando escuché sobre el orfanato, el viaje y la decisión de ampliar la familia añadiendo un rostro más alrededor de la mesa. Apenas respiró una vez durante los cinco minutos siguientes, y me contó todo sobre su cabello, sus ojos y su color, canción y libro preferido. No podía dejar de hablar de ella. Estaba loco por ella.

¿Puedes creer lo mismo sobre tu Padre?

Este es el mensaje eternamente recurrente y alentador del cielo.

«En ti se deleita el Señor» (Isaías 62.4, lbla).

«No temas, que yo te he redimido; te he llamado por tu nombre; tú eres mío» (Isaías 43.1).

«He escrito tu nombre en las palmas de mis manos» (Isaías 49.16, ntv).

«El Señor [...] se complace en los que le temen» (Salmos 147.10-11).

«El Señor dirige los pasos de los justos; se deleita en cada detalle de su vida. Aunque tropiecen, nunca caerán, porque el Señor los sostiene de la mano» (Salmos 37.23-24, NTV).

¿Te sorprenden esas palabras? ¿De dónde sacamos la idea de que Dios no se preocupa, de que no está cerca? Definitivamente, no fue de Jesús.

Jesucristo es la fotografía perfecta de Dios. Igual que Carinette tenía sus fotos, nosotros tenemos a Jesús. ¿Quieres saber lo que siente Dios sobre los enfermos? Mira a Jesús. ¿Lo que enoja a Dios? Mira a Jesús. ¿Alguna vez Dios se da por vencido con la gente? ¿Defiende a otros? Encuentra la respuesta en Jesús. «El Hijo es el resplandor de la gloria de Dios, la fiel imagen de lo que él es» (Hebreos 1.3).

Las fotos comunican a los pensamientos de Carinette sobre su hogar futuro. Todavía no está «en casa». Pero en un mes lo estará, tal vez. Dos, a lo sumo. Ella sabe que el día se acerca. Sabe que la hora es inminente. Cada vez que se abre la verja su corazón salta. En cualquier momento aparecerá su papá. Él viene. Prometió que regresaría. Vino una vez para reclamarla. Regresará para llevársela.

Mientras tanto, ella vive con un corazón que se encamina a casa.

¿No deberíamos hacerlo todos? La situación de Carinette refleja la nuestra. ¿Acaso no hemos sido reclamados? ¿No somos hijos adoptados? «Ustedes no recibieron un espíritu que de nuevo los esclavice al miedo, sino el Espíritu que los adopta como hijos y les permite clamar: "¡Abba! ¡Padre!"» (Romanos 8.15).

Dios te buscó. Se interesó en ti. Antes que supieras que necesitabas adopción, él ya había llenado los papeles.

«Dios conoció a los suyos de antemano y los eligió para que llegaran a ser como su Hijo, a fin de que su Hijo fuera el hijo mayor de muchos hermanos» (Romanos 8.29, NTV).

¿Abandonarte en un mundo huérfano, con platos de lata y literas duras? De ninguna manera. Los que conocen la Biblia familiar de Dios pueden leer tu nombre. Él puso tu nombre en este libro. Y encima, cubrió los gastos de la adopción. «Dios lo [Cristo] envió para que comprara la libertad de los que éramos esclavos de la ley, a fin de poder adoptarnos como sus propios hijos» (Gálatas 4.5, NTV).

Nosotros no financiamos nuestra adopción, pero la aceptamos. Carinette pudo haberles dicho a los Johnsons que siguieran su camino. Pero no lo hizo. Puedes decirle a Dios que siga su camino. Pero no te atreverías, ¿cierto? «Pues todos ustedes son hijos de Dios por la fe en Cristo Jesús» (Gálatas 3.26, NTV). Tan pronto aceptamos su oferta dejamos de ser huérfanos y nos convertimos en herederos: «[Ustedes] son sus herederos» (Gálatas 3.29, NTV).

¡Herederos! Con un nombre nuevo. Un hogar nuevo. Una vida nueva. «Herederos de Dios y coherederos con Cristo» (Romanos 8.17, RVR1960). El cielo no conoce de hijastros ni nietos. Tú y Cristo están en el mismo testamento. Lo que él hereda, tú lo heredas. Vas camino a casa.

Ah, pero tendemos a olvidarnos, ¿verdad? Nos vamos acostumbrando a las literas duras y las aulas concurridas. Muy raras veces nos asomamos por encima de la cerca para echar un vistazo al mundo venidero. ¿Y cuándo fue la última vez que te imaginaste tu futuro hogar? ¿Está Pedro hablándonos cuando afirma: «Amigos, este mundo no es su hogar, así que no se pongan muy cómodos en él» (1 Pedro 2.11, traducción libre de *The Message*)?

Igual que Carinette, hemos sido adoptados, pero no transportados. Tenemos una nueva familia, pero todavía no conocemos a todos sus miembros. Sabemos cómo se llama nuestro Padre, porque ya nos reclamó, pero aún no ha venido a buscarnos.

Así que aquí estamos. Atrapados entre lo que es y lo que será. Ya no somos huérfanos, pero todavía no estamos en casa. ¿Qué hacemos mientras tanto? Y, de hecho, el «mientras tanto» puede estar plagado de enfermedad, engaño, muerte y deudas. ¿Cómo vivimos en el «mientras tanto»? ¿Cómo mantenemos nuestros corazones enfocados en casa?

«Fijemos la mirada en Jesús, el iniciador y perfeccionador de nuestra fe» (Hebreos 12.2).

Mira a Jesús. Reflexiona en su vida. Considera sus caminos. Medita en sus palabras. Jesús. Solo Jesús.

Esa es la meta del libro que tienes en tus manos. Sus páginas contienen pensamientos, tanto publicados y hasta ahora inéditos, sobre la vida de Cristo. Con estas palabras, te presento esta oración.

Que el Héroe de toda la historia te hable personalmente. Que encuentres en Jesús la respuesta para las necesidades más profundas de tu vida. Que recuerdes tu mayor privilegio: Dios te conoce y el cielo te aprecia.

Mantén tu vista en la verja principal. Tu Padre se presentará para llevarte a casa antes de que te des cuenta.

PARTE 1

EMANUEL

Cuando nuestra hija Sara tenía cuatro años, irrumpió en la casa cargando una bolsa llena de agua en la que nadaba un estallido de sol con los ojos bien abiertos. «¡Miren lo que nos regalaron en la fiesta de cumpleaños!». (¡Muchas gracias!). Vaciamos la mascota en una pecera y nos reunimos en torno a ella para escoger el nombre. Ganó *Sebastián*. De inmediato se convirtió en la estrella de la familia. De hecho, pusimos la pecera en la mesa para verlo nadar mientras cenábamos. La mejor cena con pescado.

Pero luego, nos aburrimos. No podemos culpar a Sebastián. Él hizo todo lo que se espera de un pez familiar. Nadaba en círculos y subía en el momento preciso para devorar la comida para peces. Nunca saltó de la pecera al fregadero ni exigió un espacio en el sofá. Pasaba sus noches acurrucado en una planta verde. Callado. Original. Contenido. ¿Como Jesús?

El Jesús de mucha gente es lo suficientemente pequeño como para contenerlo en una pecera que quepa en un armario. Empáquenlo y envíenlo a casa con los chicos. Vacíenlo en una pecera y mírenlo mientras nada. Nunca causa problemas ni exige atención. Todo el mundo quiere una versión pez de colores de Jesús, ¿cierto? Si es tu caso, mantente lejos del verdadero Jesucristo. Él te lleva en un viaje fascinante. Llega como una manguera de bomberos... depurando y limpiando, como una ráfaga súbita. No nadará tranquilamente. Él es más una fuerza que un accesorio fijo; elimina hasta el último rastro de duda y muerte, y nos infunde asombro y esperanza.

Él cambia todo. Jesús no promete que dejes de roncar, que tus hijos se gradúen con las mejores calificaciones ni garantiza que tendrás el número de lotería correcto. Jesús no te hace sexi, delgado ni astuto. Jesús no cambia lo que ves en el espejo. Él cambia cómo ves lo que ves.

Jesús no será silenciado, empaquetado ni presagiado. Es el pastor que expulsó a gente del templo. Es el profeta con una debilidad por los delincuentes y las prostitutas. Es el rey que lavó la mugre de los pies de su traidor. Él convirtió una canasta de pan en un banquete y a un amigo muerto en uno vivo. Y, sobre todo, transformó la tumba en un vientre del que nació vida. Tu vida.

Jesús. Cinco letras. Seis horas. Una cruz. Tres clavos. Vivimos porque él vive, tenemos esperanza porque él obra, y somos importantes porque él es importante. Ser salvos por gracia es ser salvos por él... no por una idea, una doctrina, un credo, ni por la membresía a una iglesia, sino por Jesús mismo, quien llevará consigo al cielo a cualquiera que tan solo asiente con su cabeza.

¿Un Jesús pez de colores? No en tu vida.

El Jesús pez de colores solo pasa en Navidad y el Domingo de resurrección. El Jesús verdadero reclama todos los tictac del reloj.

El Jesús pez de colores hace guiños al pecado. El Jesús verdadero lo destruye.

El Jesús pez de colores es un amuleto de la suerte en forma de crucifijo en un collar. Jesús es un tigre en tu corazón.

¿Conoces a este Jesús? Si tu respuesta es no, hablemos sobre él. Si tu respuesta es sí, hablemos sobre él. Hablemos de Jesús.

Empecemos donde comenzó el ministerio terrenal de Jesús: en el vientre de María. El Dios del universo, por un tiempo, pateó las paredes de ese vientre. Nació en la pobreza de un campesino y pasó su primera noche en el comedero de una vaca. «Entonces la Palabra se hizo hombre y vino a vivir entre nosotros» (Juan 1.14, NTV).

No tenía que hacerlo, ¿cierto?

Jesús pudo haberse hecho una voz... una voz en el aire.

Jesús pudo haberse hecho un mensaje... un mensaje en el cielo.

Jesús pudo haberse hecho una luz... una luz en la noche.

Pero se hizo mucho más, muchísimo más. Se hizo carne. ¿Por qué? ¿Por qué decidió emprender el recorrido? ¿Por qué fue tan lejos?

¿Acaso la respuesta incluye esta palabra: *tú*?

Jesús vino para estar cerca de ti. Cualquier preocupación que puedas tener sobre su poder y su amor fue eliminada de la discusión en el momento en que se hizo carne y vino al mundo.

¡Qué comienzo! ¡Qué entrada! ¡Qué momento! ¿Un Jesús pez de colores? De ninguna manera.

Capítulo 1

Nacido para ti hoy

Nacido de una madre.
Familiarizado con el dolor físico.
Disfruta de una buena fiesta.
Rechazado por sus amigos.
Acusado injustamente.
Le encantan las historias.
Paga impuestos de mala gana.
Canta.
Asqueado por la religión codiciosa.
Siente lástima por las personas solas.
Poco apreciado por sus hermanos.

Defiende al que lleva las de perder.

Las preocupaciones lo mantienen despierto en las noches.

Famoso por quedarse dormido mientras viaja.

Acusado de ser muy revoltoso.

Le teme a la muerte.

¿A quién estoy describiendo? ¿A Jesús... o a ti? Quizás a los dos. Basándonos en esta lista, parece que tú y yo tenemos mucho en común con Jesús.

¿Es importante? Me parece que sí.

Jesús te entiende. Él entiende el anonimato del pueblo pequeño y la presión de la gran ciudad. Ha caminado por pastos de ovejas y palacios de reyes. Ha enfrentado hambre, aflicción y muerte, y quiere enfrentarlos contigo. Jesús «comprende nuestras debilidades, porque enfrentó todas y cada una de las pruebas que enfrentamos nosotros, sin embargo, él nunca pecó» (Hebreos 4.15, NTV).

Si Jesús entiende nuestras debilidades, entonces Dios también. Jesús era Dios en forma humana. Era Dios con nosotros. Por eso llamamos Emanuel a Jesús.

Emanuel aparece en la misma forma hebrea de hace dos mil años atrás. *Emanu significa «con nosotros». El* se refiere a *Elohim,* o Dios. Así que Emanuel no es un «Dios por encima de nosotros» ni un «Dios por ahí cerca». Él vino como el «Dios con nosotros». No «Dios con los ricos» ni «Dios con los religiosos». Sino, Dios con *nosotros.* Todos nosotros. Rusos, alemanes, budistas, mormones, camioneros, taxistas, bibliotecarios. Dios con *nosotros.*

Nos encanta la palabra *con,* ¿cierto? Preguntamos: «¿Vendrías conmigo a la tienda, al hospital, a recorrer la vida?». Dios dice que lo hará. Antes de ascender al cielo, Jesús declaró: «Les aseguro que estaré *con* ustedes siempre, hasta el fin del mundo» (Mateo 28.20). Busca las restricciones en la promesa; no encontrarás ninguna. No encontrarás «estaré con ustedes si se comportan bien... cuando crean. Estaré con ustedes los domingos en la adoración... en la misa». No, nada de eso. No existe un impuesto de retención en la promesa «con» de Dios. Él está *con* nosotros.

Dios está con nosotros.

Los profetas no serían suficientes. Los apóstoles no bastarían. Tampoco los ángeles. Dios envió algo más que milagros y mensajes. Se envió a sí mismo; envió a su hijo. «Y aquel Verbo fue hecho carne, y habitó entre nosotros» (Juan 1.14, RVR1960).

Durante miles de años, Dios nos dio su voz. Antes de Belén, nos dio sus mensajeros, sus maestros, sus palabras. Pero en el pesebre, Dios se dio a sí mismo. ¿No te parece extraordinario?

Me imagino que hasta Gabriel se rascó la cabeza ante la idea de «Dios con nosotros». Gabriel no era de los que cuestionaba las misiones que Dios le daba. Mandar fuego y dividir mares eran parte de las tareas eternas para este ángel. Cuando Dios enviaba, Gabriel iba.

Y cuando se corrió la voz de que Dios se convertiría en un ser humano, sin duda Gabriel se entusiasmó. Podía imaginarse el momento:

El Mesías en un carruaje resplandeciente.

El Rey descendiendo en una nube estruendosa.

Una explosión de luz de la que aparecería el Mesías.

Seguramente era lo que esperaba. Sin embargo, lo que jamás esperó fue lo que recibió: una hoja de papel con la dirección de un nazareno. «Dios se convertirá en un bebé», decía. «Dile a la mamá que llame al niño *Jesús*. Y dile que no tenga miedo».

Gabriel nunca cuestionaba, pero esta vez tuvo que haberse preguntado: *¿Dios se convertirá en un bebé?* Gabriel había visto bebés antes. Él había sido el líder del pelotón en la operación de los juncos. Recordaba cómo se veía el pequeño Moisés.

Eso está bien para los seres humanos, pensó para sí. *¿Pero para Dios? Los cielos no pueden contenerlo. ¿Cómo podrá hacerlo un bebé? Además, ¿has visto lo que sale de esos bebés? Difícilmente apropiado para el Creador del universo. A los bebés hay que cargarlos y alimentarlos, mecerlos y bañarlos. ¿Una mamá haciendo eructar a Dios en su hombro?* Esto iba más allá de lo que el ángel podía imaginarse.

¿Y qué con ese nombre? ¿Cuál era... Jesús? Un nombre tan común. Hay un Jesús en cada esquina. Hombre, hasta el nombre Gabriel impresiona más que Jesús. *Llama al bebé Eminencia o Majestad o Enviado del cielo. Cualquier cosa menos* Jesús.

Así que Gabriel se rascó la cabeza. *¿Qué pasó con aquellos buenos tiempos?* Inundaciones universales. Espadas en llamas. Esa era la acción que le gustaba.

Sin embargo, Gabriel tenía sus instrucciones. Llévale el mensaje a María. *Tiene que ser una muchacha especial*, asumió mientras viajaba. Pero a Gabriel le esperaba otra sacudida. Una ojeada le dijo que María no era una reina. La futura mamá de Dios no pertenecía a la realeza. Era una campesina judía que apenas había superado su acné y que estaba enamorada de un chico llamado José.

Y hablando de José, ¿qué tanto sabe este muchacho? Bien podría ser un tejedor en España o un zapatero en Grecia. Es un carpintero. Míralo allí... aserrín en su barba y un delantal para clavos alrededor de su cintura. ¿Me quieres decir que Dios va a cenar con él todas las noches? ¿Me quieres decir que la fuente de la sabiduría va a llamar a este tipo «Papá»? ¿Me quieres decir que un trabajador común y corriente será responsable de proveerle comida a Dios?

¿Y qué si lo despiden?

¿Y qué si está de mal humor?

¿Y qué si decide escaparse con la muchacha bonita que vive al final de la calle? Entonces, ¿dónde iremos a parar?

Era todo lo que Gabriel podía hacer para no regresar. «Es una idea peculiar esta que tienes, Dios», tal vez haya murmurado entre dientes, pero siguió adelante. No iba a rebelarse contra su jefe, quien casualmente también controla el universo.

Gabriel visitó a María y le dijo:

María, no temas, porque has hallado gracia delante de Dios. Y ahora, concebirás en tu vientre, y darás a luz un hijo, y llamarás su nombre JESÚS. (Lucas 1.30-31, RVR1960)

La historia de Jesús comienza con la historia de un gran descenso. El Hijo de Dios se convirtió en el hijo de María. Llegó a ser uno de nosotros para que pudiéramos llegar a ser uno con él. Llegó a nuestro mundo con la gran esperanza de que nosotros vamos a llegar al de él.

Capítulo 2

Una noche fuera
de lo común

Hay una palabra que describe la noche que él vino: *común.*
El cielo era común. Una brisa ocasional agitaba las hojas
y enfriaba el aire. Las estrellas eran diamantes que relucían sobre
terciopelo negro. Escuadras de nubes flotaban frente a la luna.

Era una noche bella —una noche que valía la pena contemplar
desde la ventana de su dormitorio para poder admirarla—, pero no
se podía decir que fuera excepcional. No había razón para esperar
una sorpresa. Nada que mantuviera despierto a alguien. Una noche
común con un cielo común.

Las ovejas eran comunes y corrientes. Algunas gordas. Algunas flacas. Algunas con barrigas en forma de barril. Algunas con patas como palitos. Animales comunes. Su lana no era de oro. No hacían historia. Ningún ganador de premios. Eran simples ovejas, siluetas abultadas y dormidas en la ladera de una colina.

Y los pastores. Campesinos. Probablemente llevaban puesta toda la ropa que tenían. Olían a oveja y lucían igual de lanudos. Eran cuidadosos, estaban dispuestos a pasar la noche con sus rebaños. Pero no encontrarás sus cayados en un museo ni sus escritos en una biblioteca. Nadie les pedía su opinión sobre la justicia social o la aplicación de la Torá. Eran desconocidos y simples.

Una noche común con ovejas comunes y pastores comunes. Y si no fuera por Dios, a quien le complace agregar un «detalle adicional» en el frente de lo común, la noche habría pasado inadvertida.

Pero Dios danza en medio de lo corriente. Y aquella noche bailó un vals.

El cielo negro estalló en fulgor. Árboles que daban sombra irrumpieron en claridad. Ovejas que estaban en silencio se convirtieron en un coro de curiosidad. En un instante, el pastor estaba dormido como una piedra, un momento después se restregaba los ojos con la mirada fija en el rostro de un ángel, que declaró: «Hoy les ha nacido en la Ciudad de David un Salvador, que es Cristo el Señor» (Lucas 2.11).

La noche dejó de ser común.

A medida que la oscuridad cedió el paso al amanecer, el ruido y el bullicio comenzaron más temprano de lo usual en la ciudad de Belén. La gente ya estaba en las calles. Los comerciantes se estaban acomodando en las esquinas de las vías más transitadas. Los tenderos estaban abriendo las puertas de sus tiendas. Los niños se habían despertado gracias a los ladridos frenéticos de los perros callejeros y las quejas de los burros arrastrando las carretas.

El dueño de la posada se había levantado más temprano que la mayoría de los habitantes del pueblo. Después de todo, la posada estaba llena, todas las camas estaban ocupadas. Todas las colchonetas y las frisas disponibles se estaban usando. Pronto todos los huéspedes se levantarían y habría muchísimo trabajo que hacer.

La imaginación se despierta, pensando en la conversación del dueño de la posada y su familia mientras desayunaban. ¿Mencionó alguien la llegada de la pareja joven la noche anterior? ¿Preguntó alguien cómo estaban? ¿Comentó alguien sobre el embarazo de la muchacha en el burro? Quizás. Quizás alguien lo sacó a colación. Pero, en el mejor de los casos, si alguien lo mencionó, no lo discutieron. No había nada novedoso sobre ellos. Tal vez eran una de varias familias rechazadas aquella noche.

Además, ¿quién tenía tiempo para hablar de ellos cuando había tanta conmoción en el ambiente? Augusto le había hecho un favor a la economía de Belén cuando decretó que debía hacerse un censo y que la gente tenía que regresar a su ciudad natal. ¿Quién se acordaría cuando había llegado al pueblo tanto comercio?

No, es poco probable que alguien haya mencionado la llegada de la pareja o haya preguntado sobre la condición de la muchacha. Estaban demasiado ocupados. El día había llegado. Tenían que hornear el pan para el día. Las tareas matutinas tenían que llevarse a cabo. Había demasiado por hacer para imaginar que lo imposible había ocurrido.

Dios había llegado al mundo como un bebé.

Aun así, si alguien por casualidad se hubiera asomado aquella mañana por el establo de las ovejas en las afueras de Belén, ¡qué escena tan peculiar habría podido contemplar!

El establo apesta, como todos los establos. El mal olor de la orina, el estiércol y las ovejas se siente fuertemente en el aire. El suelo es duro, el heno escaso. Las telarañas cuelgan del techo, y un ratón se escabulle a través del piso de tierra.

No podría existir un lugar de nacimiento más humilde.

A un lado hay un grupo de pastores. Están sentados en silencio en el piso, tal vez perplejos, quizás sobrecogidos, sin duda maravillados. Su ronda nocturna había sido interrumpida por una explosión de luz del cielo y una sinfonía de ángeles. Dios va a los que tienen el tiempo de escucharlo, así que en esta noche despejada se acercó a unos sencillos pastores.

Cerca de la joven madre está sentado el padre agotado. Si alguien está tomando una siesta, es él. No puede recordar cuándo fue la última vez que se sentó. Y ahora que la conmoción se ha apagado un poco, ahora que María y el bebé están cómodos, él se recuesta en la pared del establo y siente que los ojos se le cierran. Todavía no ha descifrado todos los detalles. El misterio del evento lo desconcierta. Pero no tiene la energía para lidiar con las preguntas. Lo importante es que el bebé está bien y María está a salvo. Mientras el sueño llega, se acuerda del nombre que el ángel le dijo que usara... *Jesús*. «Lo llamaremos Jesús».

María está completamente despierta. ¡Qué joven se ve! Su cabeza descansa en la piel suave de la silla de montar de José. El asombro ha eclipsado el dolor. Ella mira el rostro del bebé. Su hijo. Su Señor. Su Majestad. En este punto en la historia de la humanidad quien mejor entiende quién es Dios y lo que está haciendo es una adolescente en un establo maloliente. No puede quitarle los ojos de encima. De alguna manera, María sabe que tiene a Dios en los brazos. *Así que este es él.* Ella recuerda las palabras del ángel: «Su reinado no tendrá fin» (Lucas 1.33).

Lo menos que parece es un rey. Su rostro está rojo y arrugado. Su llanto, aunque fuerte y saludable, sigue siendo el llanto indefenso y penetrante de un bebé. Y depende completamente de María para su bienestar.

Es majestad en medio de lo mundano. Es santidad en la mugre de estiércol de oveja y sudor. Es divinidad llegando al mundo en el piso de un establo, a través del vientre de una adolescente y en la presencia de un carpintero.

Ella toca el rostro del Dios infante. *¡Cuán larga fue tu travesía!*

Este bebé había supervisado el universo. Su trono dorado había sido abandonado en favor de un sucio redil de ovejas. Y los ángeles adoradores habían sido sustituidos por unos pastores bondadosos, pero desconcertados.

La naturaleza de Dios no lo retendría en el cielo. Lo llevó a la tierra. En el maravilloso evangelio de Dios, él no solo envía, también llega a ser; no solo nos mira, también vive entre nosotros; no solo nos habla, también vive con nosotros como uno de nosotros.

Dios con nosotros.

Capítulo 3

El Verbo se hizo carne

¿Sabes cuál es la parte más extraordinaria de la encarnación? No es solo que Dios haya intercambiado la eternidad por calendarios, aunque un cambio como ese merece nuestra atención.

Las Escrituras dicen que el número de los años de Dios es inescrutable (Job 36.26, LBLA). Podemos buscar el momento en que la primera ola rompió en la orilla o la primera estrella alumbró en el cielo, pero nunca lograremos establecer el momento exacto en que Dios fue Dios, porque ese momento no existe. No hay un momento en que Dios no haya sido Dios. Él nunca ha dejado de ser porque es eterno. Dios no está sujeto al tiempo.

Pero todo esto cambió cuando Jesús vino a la tierra. Por primera vez oyó una frase que no se usaba en el cielo: «Se te acabó el tiempo». Cuando era un niño, tuvo que irse del templo porque se le había acabado el tiempo. Cuando hombre, tuvo que irse de Nazaret porque se le había acabado el tiempo. Y como Salvador, tuvo que morir porque se le había acabado el tiempo. Durante treinta y tres años, el semental del cielo tuvo que vivir en el corral del tiempo.

Ciertamente esto es extraordinario, pero aún hay más.

¿Quieres ver la joya más brillante en el tesoro de la encarnación? Quizás pienses que fue que tuvo que vivir en un cuerpo humano. En un momento, era un espíritu sin limitaciones y al siguiente, era carne y huesos. ¿Recuerdas estas palabras del rey David?: «¿A dónde podría alejarme de tu Espíritu? ¿A dónde podría huir de tu presencia? Si subiera al cielo, allí estás tú; si tendiera mi lecho en el fondo del abismo, también estás allí. Si me elevara sobre las alas del alba, o me estableciera en los extremos del mar, aun allí tu mano me guiaría ¡me sostendría tu mano derecha!» (Salmos 139.7-10).

Si preguntamos «¿dónde está Dios?» es como si un pez preguntara «¿dónde está el agua?». O un pajarillo preguntara «¿dónde está el aire?». ¡Dios está en todas partes! Tanto en Pekín como en Peoria. Tan activo en las vidas de los esquimales como en las de los tejanos. El dominio de Dios es «de mar a mar, y desde el río hasta los confines de la tierra» (Salmos 72.8, RVR1960). No hay un lugar donde no esté Dios.

Sin embargo, cuando Dios entró en el tiempo y se hizo hombre, el que era infinito se hizo finito. Quedó preso en la carne. Restringido por músculos y párpados con tendencia al cansancio. Por más de tres décadas, su una vez alcance ilimitado se vio restringido al largo del brazo, y su velocidad se limitó al paso del pie humano.

Me pregunto: «¿Estuvo alguna vez tentado a recuperar su infinitud? ¿Habrá considerado, en medio de un largo viaje, trasladarse milagrosamente a la siguiente ciudad? ¿Se habrá sentido tentado alguna vez, cuando la lluvia fría entumecía sus huesos, a cambiar las condiciones climáticas? ¿Y no habrá querido, cuando el calor secaba sus labios, sumergirse en el Caribe en busca de alivio?»

Si alguna vez tuvo estos pensamientos, nunca cedió a ellos. Ni una sola vez. Detente y piensa en esto. Cristo jamás usó sus poderes sobrenaturales para beneficio personal. Con una sola palabra habría transformado la tierra dura en un lecho suave, pero no lo hizo. Con un movimiento de su mano pudo haber devuelto en el aire los escupitajos de sus acusadores y hacer blanco en sus rostros, pero no lo hizo. Con solo levantar sus cejas habría paralizado el brazo del soldado que le incrustaba la corona de espinas. Pero no lo hizo.

Extraordinario. ¿Pero será esto lo más extraordinario de su venida? Muchos dirían que no. Muchos, quizás la mayoría, apuntarían más allá de la rendición de su atemporalidad y su condición de infinito a la rendición de su impecabilidad. Es fácil ver el porqué.

¿No es este el mensaje de la corona de espinas?

Un soldado no identificado tomó algunas ramas —lo suficientemente maduras como para tener espinas, suficientemente flexibles para doblarse— e hizo con ellas una corona de escarnio, una corona de espinas.

A través de las Escrituras las espinas simbolizan, no el pecado, sino la consecuencia del pecado. ¿Recuerdas el Edén? Después que Adán y Eva pecaron, Dios maldijo la tierra: «Maldita será la tierra por tu causa [...] Espinos y cardos te producirá, y comerás plantas del campo» (Génesis 3.17-18, RVR1960). Las zarzas en la tierra son el producto del pecado en el corazón.

¿Cuál es el fruto del pecado? Adéntrate en el espinoso terreno de la humanidad y sentirás unas cuantas punzadas. Vergüenza. Miedo. Deshonra. Desaliento. Ansiedad. ¿No han quedado nuestros corazones atrapados en estas zarzas?

Sin embargo, no ocurrió así con el corazón de Jesús. Él nunca ha sido dañado por las espinas del pecado. Nunca conoció lo que tú y yo enfrentamos diariamente. ¿Ansiedad? ¡Él nunca se preocupó! ¿Culpa? ¡Él nunca se sintió culpable! ¿Miedo? ¡Él nunca se alejó de la presencia de Dios! Jesús nunca conoció los frutos del pecado... hasta que se hizo pecado por nosotros.

Y cuando lo hizo, todas las emociones del pecado cayeron sobre él como las olas en un mar tormentoso. Se sintió ansioso, culpable, solo. ¿No lo ves en la emoción de su clamor?: «Dios mío, Dios mío, ¿por qué me has desamparado?» (Mateo 27.46, RVR1960). Estas no son las palabras de un santo. Es el clamor de un pecador.

Y esta oración es una de las partes más extraordinarias de su venida. Pero aún puedo pensar en algo todavía más grande. ¿Quieres saber qué es? ¿Quieres saber qué es lo más maravilloso de su venida?

No es que Aquel que jugaba canicas con las estrellas haya renunciado a eso para jugar con canicas comunes y corrientes. O que Aquel que colgó las galaxias haya dejado de hacerlo para instalar marcos de puertas ante el disgusto de un cliente cascarrabias que quería que el trabajo estuviera listo para ayer, pero que no podía pagar por nada hasta mañana.

No es que en un instante haya pasado de no necesitar nada a necesitar aire, comida, una bañera con agua caliente y sales para sus pies cansados y, más que todo eso, que ahora necesitara a alguien —a cualquiera— que se preocupara más por dónde pasaría la eternidad que por dónde gastaría su paga del viernes.

O que haya resistido el deseo de freír a los mediocres y autoproclamados vigilantes de los pasillos de la santidad que se atrevieron a insinuar que él estaba haciendo la obra del diablo.

No es que haya mantenido la calma mientras que la docena de sus mejores amigos sintieron el calor de sus palabras y salieron de la cocina. Ni que no haya dado la orden a los ángeles que le rogaban: «Solo danos el visto bueno, Señor. Una sola palabra y estos demonios se transformarán en huevos revueltos».

No es que se haya negado a defenderse cuando cargó con todos los pecados de cada trabajadora sexual y cada marinero desde Adán. Ni que haya guardado silencio mientras un millón de veredictos de culpabilidad resonaban en el tribunal del cielo y el dador de la luz quedó abandonado en medio de la fría noche de los pecadores.

No es siquiera que después de aquellos tres días en un hueco oscuro haya salido al sol de la Pascua con una sonrisa, un contoneo y una pregunta para el humillado Lucifer: «¿Fue ese tu mejor golpe?».

Todo eso fue fantástico, increíblemente fantástico.

¿Pero quieres saber qué fue lo más maravilloso sobre Aquel que cambió la corona de los cielos por una corona de espinas?

Que lo hizo por ti. Solo por ti.

Capítulo 4

Jesús te entiende

Estoy observando a una familia de ardillas de cola negra. Debería estar trabajando en un mensaje de Navidad, pero no puedo concentrarme. Parece que están decididas a entretenerme. Se escabullen entre las raíces del árbol al norte de mi oficina. Hemos sido vecinos durante tres años. Ellas me ven picotear el teclado. Yo las veo almacenar sus nueces y trepar el tronco. Nos divertimos mutuamente. Puedo pasar el día mirándolas. A veces lo hago.

Sin embargo, nunca he pensado en convertirme en ardilla. Su mundo no me atrae. ¿Quién desea dormir al lado de un peludo roedor con ojos redondos y brillantes? (Denalyn, sin comentarios.) ¿Cambiar las Montañas Rocosas, la pesca de róbalo, las bodas y la risa por un hoyo en la tierra y una dieta de avellanas sucias? No cuenten conmigo.

Pero cuenta con Jesús. ¡Qué clase de mundo dejó! Nuestra mansión más elegante sería para él como el tronco de un árbol. El plato más exquisito en la tierra sería como servir nueces en la mesa del cielo. ¿Y la idea de convertirse en una ardilla con garras, dientes diminutos y cola peluda? Eso no es nada al compararlo con un Dios convirtiéndose en embrión y creciendo en el vientre de María.

Sin embargo, él lo hizo. El Dios del universo nació en la pobreza de un campesino y pasó su primera noche en el abrevadero de una vaca. «Aquel Verbo fue hecho carne, y habitó entre nosotros» (Juan 1.14, RVR1960). El Dios del universo dejó la gloria del cielo y llegó al vecindario. ¡A nuestro vecindario! ¡Quién habría imaginado que hiciera tal cosa!

A él le encanta estar con la gente a la que ama, tanto así que Aquel que creó todo «se despojó a sí mismo» (Filipenses 2.7, RVR1960). Cristo se hizo pequeño. Se hizo dependiente de unos pulmones, una laringe y un par de piernas. Sintió hambre y sed. Pasó por todas las etapas de desarrollo normales de un ser humano. Le enseñaron a caminar, a pararse, a lavarse la cara y a vestirse solo. Sus músculos se fortalecieron; su cabello creció cada vez más largo. Su voz se quebró cuando pasó por la pubertad. Era genuinamente humano.

Cuando Jesús «se regocijó» (Lucas 10.21, RVR1960), su alegría era genuina. Cuando lloró por Jerusalén (Lucas 19.41), sus lágrimas eran tan reales como las tuyas y las mías. Cuando preguntó: «¿Hasta cuándo tendré que soportarlos?» (Mateo 17.17, NTV), su frustración era sincera. Cuando clamó desde la cruz: «Dios mío, Dios mío, ¿por qué me has desamparado?» (Mateo 27.46, RVR1960), necesitaba una respuesta.

Él «tomó naturaleza de siervo» (Filipenses 2.7, DHH). ¡Él se hizo como nosotros para poder servirnos! Vino al mundo no para exigir nuestra lealtad, sino para mostrarnos su amor.

Es posible que Jesús haya tenido acné. Tal vez no haya tenido un oído musical. Quizás le haya gustado a alguna muchacha en su calle, o viceversa. Es posible que haya tenido rodillas huesudas. Una cosa es segura: si bien él era completamente divino, también era completamente humano.

¿Por qué? ¿Por qué se expuso Jesús a las dificultades humanas? ¿Por qué se cansó en Samaria (Juan 4.6), se perturbó en Nazaret (Marcos 6.6) y se enojó en el templo (Juan 2.15)? ¿Por qué se quedó dormido en el bote en el mar de Galilea (Marcos 4.38), se sintió triste ante la tumba de Lázaro (Juan 11.35) y sintió hambre en el desierto (Mateo 4.2)?

¿Por qué soportó todos estos sentimientos? Porque sabía que tú también los sentirías. Él sabía que te cansarías, te confundirías y te enojarías.

Él sabía que te daría sueño, que te golpearía el pesar y que te daría hambre. Sabía que tendrías que enfrentar el dolor. Si no el dolor del cuerpo, entonces el dolor del alma... un dolor demasiado agudo para cualquier droga. Sabía que estarías sediento. Si no sed de agua, a lo menos sed por la verdad, y la verdad que percibimos de la imagen de Cristo es que él entiende. Y porque entiende, podemos acercarnos a él.

¿Acaso su falta de entendimiento no nos habría mantenido lejos de él? ¿No nos alejamos de las personas cuando no las entendemos?

Supongamos que estuvieras desanimado a causa de tu situación financiera y necesitaras el consejo de un amigo solidario. ¿Buscarías la ayuda del hijo de un multimillonario? (Recuerda, estás buscando consejos, no una limosna). ¿Acudirías a alguien que haya heredado una fortuna? Probablemente no. ¿Por qué? Porque no entendería. Lo más seguro nunca ha estado en tu situación y, por lo tanto, no puede identificarse con la forma en que te sientes.

Sin embargo, Jesús sí ha estado ahí y puede hacerlo. Él ha estado donde tú estás y puede identificarse con tus sentimientos. Y si su vida en la tierra no logra convencerte, su muerte en la cruz debería hacerlo. Él entiende por lo que estás pasando. Nuestro Señor no es condescendiente con nosotros y no se burla de nuestras necesidades. Él responde «abundantemente y sin reproche» (Santiago 1.5, RVR). ¿Cómo lo hace? Nadie lo explicó más claramente que el autor de Hebreos:

> [Jesús] comprende nuestras debilidades, porque enfrentó todas y cada una de las pruebas que enfrentamos nosotros, sin embargo, él nunca pecó. Así que acerquémonos con toda confianza al trono de la gracia de nuestro Dios. Allí recibiremos su misericordia y encontraremos la gracia que nos ayudará cuando más la necesitemos. (Hebreos 4.15-16, NTV)

Durante treinta y tres años, él sintió todo lo que tú y yo hemos sentido. Se sintió débil. Se cansó. Sintió miedo de fracasar. Estuvo expuesto al galanteo de mujeres. Tuvo resfriados, eructó y olió a sudor. Le hirieron los sentimientos. Los pies se le cansaron. Y le dolió la cabeza.

Pensar en Jesús de esta manera es... bueno, parece casi irreverente, ¿cierto? No es algo que nos guste hacer; es incómodo. Es mucho más fácil mantener la humanidad fuera de la encarnación. Mejor es limpiar el estiércol de los alrededores del pesebre. Secar el sudor de sus ojos. Fingir que nunca roncó ni se sopló la nariz ni se golpeó el pulgar con un martillo.

Es más fácil manejarlo de esa manera. Hay algo en mantenerlo divino que también lo mantiene distante, envasado, predecible.

Pero no lo hagas. Por el amor de Dios, no lo hagas. Déjalo ser tan humano como siempre quiso. Déjalo que entre en el fango y en la suciedad de nuestro mundo, porque solo si lo dejamos entrar, él puede sacarnos.

Déjalo entrar y escúchalo.

Las palabras «ama a tu prójimo» (Mateo 22.39) fueron pronunciadas por un hombre cuyos vecinos trataron de matarlo.

El desafío de dejar a la familia por el evangelio (Lucas 14.26) fue emitido por Aquel que le dio a su mamá un beso de despedida en la puerta.

«Oren por quienes los persiguen» (Mateo 5.44) salió de los labios que pronto estarían suplicándole a Dios que perdonara a sus asesinos.

«Estaré con ustedes siempre» (Mateo 28.20) son las palabras de un Dios que en un instante hizo lo imposible para que todo fuera posible para ti y para mí.

Dios vino a la tierra.

Todo ocurrió en un momento. En un momento... en el momento más extraordinario. El Verbo se hizo carne.

Y habrá otro momento como este. El mundo verá otra transformación instantánea. Al hacerse humano, Dios hizo posible que los seres humanos veamos a Dios. Cuando Jesús regresó a casa, dejó abierta la puerta trasera. Como resultado «en un momento, en un abrir y cerrar de ojos [...] seremos transformados» (1 Corintios 15.52, RVR1960).

El primer momento de transformación pasó desapercibido por el mundo. Pero no será así con el segundo. La próxima vez que uses la frase «solo un momento», recuerda que ese será todo el tiempo que hará falta para cambiar a este mundo.

PARTE 2

AMIGO

Catalogado en el archivo titulado «Quizás esto no fue tan buena idea» está el relato del día en que por poco me caigo del cielo. Iba en la parte trasera de una avioneta monomotor cuando, bueno, digamos que si hubiera sido católico, habría gastado el rosario de tanto frotarlo.

La historia comenzó con mis lecciones de vuelo. Así es. Decidí que quería obtener mi licencia de piloto. Me pasó por la cabeza una tarde, durante una escala de cuatro horas, que tal vez viajar sería más sencillo si pudiera hacerlo yo mismo. Había escuchado de personas que lo hacían: gente como Orville y Wilbur, que cumplieron con los requisitos de la Administración Federal de Aviación y llegaban a sus destinos con la misma facilidad que alguien maneja en auto al trabajo. No más estacionamientos en el aeropuerto, no más retrasos de vuelos, no más filas de seguridad kilométricas. Me sonaba muy bien.

Así que me dispuse a aprender a volar. Y en más o menos veinte horas de instrucción, puedo decir sinceramente que lo hice. ¡Sabía cómo volar un avión! Podía despegar. Podía virar a la derecha y a la izquierda, ascender, descender, acelerar, desacelerar. Llámame simplemente Lindbergh. Sabía cómo volar un avión.

Lo que no sabía era cómo aterrizar un avión.

El día en que por poco me caigo del cielo, había terminado una lección y contraté a mi instructor, Hank, para que me volara a Dallas donde tenía que dar una charla. Un buen amigo estaba viajando conmigo, y como yo había pasado toda la mañana en el avión, le ofrecí el asiento delantero y me fui al de atrás. Esto lo puso en la posición de copiloto y a mí en la posición de tomar una siesta. Ya llevaba un rato en mi buena siesta cuando escuché la voz de Hank en los audífonos.

«Muchachos, creo que voy a vomitar».

Me senté y me incliné hacia delante. Hank lucía del mismo color de las nubes que nos rodeaban. Unas gotitas de sudor se estaban asomando en su frente. Unas horas antes, él había mencionado que sus hijos estaban enfermos en la casa con un virus. No soy médico, pero deduje que el virus no se había limitado a la casa de Hank.

«¿Puedes repetir lo que dijiste?», pregunté.

«Tengo que aterrizar el avión. No puedo volar».

En el libro titulado *Las palabras que jamás quieres escuchar de los labios de un piloto*, esa frase merece su propio capítulo. Hank se dio a la tarea de encontrar el aeropuerto más cercano y yo me di a la tarea de encontrar las cuentas de algún rosario. Como ya mencioné, estaba en el asiento trasero. De haber estado en el asiento delantero, quizás me hubiera sentido mejor. Nunca había aterrizado un avión, pero lo había intentado. Y si Hank se desmayaba, al menos sabía cómo descender. Pero estaba atrás, absolutamente incapaz de hacer algo. No podía alcanzar los controles. No podía pedir ayuda por la radio. No podía volar el avión. Ni siquiera podía culpar a alguien. Estaba completa, total y enteramente indefenso.

¿Has estado ahí alguna vez?

Tal vez no en un avión, pero sí en una corte, en la oficina de un médico, en la celda de una prisión. En aprietos, en un lío, en apuros. Con una roca en un lado y un lugar duro en el otro, no puedes hacer nada. No es que puedas hacer algo mínimo o que puedas usar recursos limitados o que tengas alternativas restringidas a tu disposición. No puedes hacer nada.

Nada, excepto recurrir a Jesús. Es posible que no te queden opciones, pero según la Biblia la esperanza nunca te falta. Jesús vino para los desamparados y los desafortunados. Vino como un amigo. Y él sabe cómo aterrizar este avión llamado vida.

A propósito, aterrizamos sanos y salvos. Hank mantuvo el control de su estómago el tiempo suficiente para encontrar una pista de aterrizaje en medio de un sembradío de algodón y aterrizar el avión. Puse mis lecciones de vuelo en pausa. Por alguna razón, ahora estoy más interesado en las botas de alpinismo que en las alas de un avión.

Capítulo 5

Una vida feliz y abundante

Tengo un dibujo de Jesús riéndose. Está en la pared justo al frente de mi escritorio.

Es realmente un dibujo especial. Su cabeza está echada hacia atrás. Su boca está abierta. Sus ojos brillan. No está sonriendo. No es una risita ahogada. No es una sonrisa entre dientes. Es una risa estruendosa. No ha escuchado ni visto algo tan gracioso en mucho tiempo. Le está dando trabajo recuperar el aliento.

Me lo regaló un pastor episcopal que carga puros en su bolsillo y colecciona dibujos de Jesús sonriendo. «Se los regalo a cualquiera que se incline a tomar a Dios demasiado en serio», me explicó cuando lo puso en mis manos.

Me leyó perfectamente bien.

No soy de los que se imagina fácilmente a Dios sonriendo. Un Dios lloroso, sí. Un Dios enojado, también. Un Dios poderoso, sin duda. ¿Pero un Dios risueño? Me parece muy... muy... muy lejos de lo que Dios debería hacer... y ser. Y esto solo demuestra lo mucho que conozco —o no conozco— sobre Dios.

¿Qué pienso que estaba haciendo cuando estiró el cuello a la jirafa? ¿Un ejercicio de ingeniería? ¿Qué me imagino que tenía en mente cuando le dijo al avestruz dónde meter la cabeza? ¿Un estudio de cavernas? ¿Qué pienso que estaba haciendo cuando inventó el llamado del mono macho a su hembra? ¿O cuando le puso las ocho patas al pulpo? ¿Y qué me imagino en su rostro cuando vio a Adán echándole el primer vistazo a Eva? ¿Un bostezo?

Difícilmente.

Mientras mi vista mejora y soy capaz de leer sin mis lentes manchados, me doy cuenta de que el sentido del humor es quizás la única forma en que Dios nos ha soportado por tanto tiempo.

¿Es Dios con una sonrisa mientras Moisés mira dos veces a la zarza ardiente que habla?

¿Se está sonriendo otra vez cuando Jonás aterriza en la playa, chorreando jugos gástricos y oliendo a aliento de ballena?

¿Acaso es un brillo en sus ojos mientras mira a los discípulos alimentando a miles con el almuerzo de un niño?

¿Crees que tiene un rostro inexpresivo mientras habla sobre el hombre con un dos-por-cuatro en su ojo y que señala la paja en el ojo de su amigo?

¿Puedes, sinceramente, imaginarte a Jesús con niños sobre sus rodillas y un rostro sombrío?

No, pienso que Jesús sonreía. Creo que sonreía un poco *a* la gente y mucho *con* la gente. Pienso que era el tipo de persona a la que otros querían estar cerca. Creo que era el tipo de persona a la que siempre invitan a la fiesta.

Consideremos, por ejemplo, la boda en Caná. A menudo hablamos de esta boda como el lugar donde Jesús convirtió el agua en vino. Pero, para empezar, ¿por qué Jesús fue a la boda? La respuesta se encuentra en el segundo versículo de Juan 2: «También habían sido invitados a la boda Jesús y sus discípulos».

Cuando el novio y la novia estaban haciendo su lista de invitados, incluyeron a Jesús. Y cuando Jesús se presentó con media docena de amigos, no anularon la invitación. Quienquiera que haya sido el anfitrión estaba feliz de tener a Jesús allí.

«Asegúrate de poner el nombre de Jesús en la lista», tal vez haya dicho. «Él realmente alegra la fiesta».

A Jesús no lo invitaron porque fuera una celebridad. Todavía no lo era. El motivo para la invitación no eran sus milagros. Todavía no había hecho ninguno. ¿Por qué lo invitaron?

Supongo que les caía bien. ¿Es un detalle importante? Pienso que sí. Me parece importante que alguien común y corriente, en un pueblo pequeño, disfrutara de la compañía de Jesús. Es notable que el Todopoderoso no actuó superior y poderoso. El Santo no tenía aires de santurrón. Aquel que lo sabía todo no era un sabelotodo. El que creó las estrellas no mantuvo su cabeza en ellas. Aquel que es dueño de todas las cosas en la tierra nunca se pavoneó por ello.

Nunca. Pudo haberlo hecho. ¡Ah, cuántas razones tuvo para hacerlo!

Pudo haber sido un pretencioso: *¿Te he contado sobre la vez en que Moisés y yo subimos la montaña?*

Pudo haber sido un fanfarrón: *Oye, ¿quieren que los transporte al siglo veinte?*

Pudo haber sido un pedante: *Sé lo que están pensando. ¿Quieren que se los pruebe?*

Pudo haber sido un elitista con ínfulas: *Tengo una propiedad en Júpiter...*

Jesús pudo haber sido todo eso, pero no lo fue.

Su propósito no era presumir, sino estar presente. Se esforzó muchísimo para ser tan humano como el tipo de la esquina. No necesitaba estudiar, pero aun así fue a la sinagoga. No necesitaba ingresos, pero aun así trabajó en el taller. Conocía a huestes de ángeles y había escuchado las arpas celestiales, pero así y todo fue a fiestas organizadas por recaudadores de impuestos. Y sobre sus hombros descansaba el reto de redimir la creación, pero con todo y eso sacó tiempo para caminar por millas y millas para llegar a una boda en Caná.

Como resultado, le caía bien a la gente. Claro, estaban los que se burlaban de sus declaraciones. Decían que era un blasfemo, pero nunca dijeron que era un fanfarrón. Lo acusaron de herejía, pero nunca de arrogancia. Lo calificaron como radical, pero nunca lo describieron como inaccesible.

No hay indicio de que alguna vez haya usado su estado celestial para beneficio personal. Nunca. No nos da la impresión de que sus vecinos se hayan hartado de su altanería y le hayan preguntado: «Bueno, ¿quién crees que te hizo Dios?».

Su fe lo hizo agradable, no detestable. A Jesús lo acusaron de mucho, ¿pero de ser un patán gruñón, amargado y egocéntrico? No. La gente no se quejaba cuando él se presentaba. No se escondían cuando llegaba a un lugar.

Él los llamaba por sus nombres.

Él escuchaba sus historias.

Él contestaba sus preguntas.

Él visitaba a sus familiares enfermos y ayudaba a sus amigos enfermos.

Él pescó con pescadores, almorzó con gente sencilla y pronunció palabras de afirmación rotunda. Asistió a tantas fiestas que lo criticaron por compartir con personas pendencieras y multitudes de reputación dudosa.

La gente se sentía atraída a Jesús. Siempre estaba en la lista de invitados. Miles vinieron a escucharlo. Cientos decidieron seguirlo. Cerraron sus negocios y abandonaron sus carreras para estar con él. Su declaración de propósito leía: «Mi propósito es darles una vida plena y abundante» (Juan 10.10, NTV). Jesús era una persona feliz y quiere que seamos como él.

Cuando los ángeles anunciaron la llegada del Mesías, dijeron «les traigo buenas noticias que serán motivo de mucha alegría para todo el pueblo» (Lucas 2.10), no malas noticias que serán una carga.

¿Diría la gente lo mismo de nosotros? ¿De dónde sacamos la idea de que un buen cristiano es un cristiano solemne? ¿Quién empezó el rumor de que la señal de un discípulo es una cara larga? ¿Cómo creamos esta idea de que las personas que realmente tienen dones son las afligidas?

¿Puedo dar una opinión que podría causar sorpresa? ¿Puedo decirte por qué creo que Jesús fue a esa boda en Caná? Creo que Jesús fue a la boda para... espera, déjame explicarte; pienso que Jesús fue a la boda para pasar un buen rato.

Piensa en esto. Había sido una temporada difícil. Esta boda tuvo lugar justo después de Jesús haber pasado cuarenta días en el desierto. Sin comida ni agua. Un enfrentamiento con el diablo. Una semana acostumbrándose a unos galileos novatos. Un cambio de trabajo. Se había ido de su casa. No había sido fácil. Un descanso sería bien recibido. Una buena cena, con un poco de buen vino y algunos buenos amigos... Ah, sonaba muy bien.

Así que se fueron.

Su propósito no era convertir el agua en vino. Eso fue un favor para sus amigos.

Su propósito no era exhibir su poder. El anfitrión de la boda ni siquiera supo lo que Jesús había hecho.

Su propósito no era predicar. No hay constancia de un sermón.

Esto nos deja solo una razón. Diversión. Jesús fue a la boda porque le agradaba la gente, le gustaba la comida, y, Dios me libre, tal vez hasta quería darle una o dos vueltas a la novia en la pista de baile. (Después de todo, él mismo está planificando una gran boda. ¿Tal vez quería practicar?).

Así que perdónenme, diácono Cararrugada y diaconisa Siempreangustiada. Lamento arruinarles la fiesta, pero Jesús era un tipo que le caía bien a la gente. Y sus discípulos deberían ser como él. No estoy hablando de libertinaje, borrachera ni adulterio. No estoy respaldando el arriesgar valores, la chabacanería ni la obscenidad. Simplemente estoy haciendo campaña a favor de la libertad para disfrutar de un buen chiste, alegrar una fiesta aburrida y agradecer una noche divertida.

Tal vez estos pensamientos te sorprendan. A mí me pasa lo mismo. Ha pasado tiempo desde la última vez que catalogué a Jesús como un fiestero. Pero lo era. ¡Sus enemigos lo acusaron de comer demasiado, beber demasiado y estar en compañía de la gente equivocada! Tengo algo que confesar: hace bastante tiempo que nadie me acusa de divertirme demasiado. ¿Qué me dices de ti?

¿Recuerdas el dibujo de Jesús que cuelga en mi oficina? ¿Qué tipo de retrato de Jesús cuelga en las paredes de tu mente? ¿Está triste, serio, enojado? ¿Sus labios están fruncidos? ¿Te está juzgando? Si es así, visualiza al Cristo riéndose a carcajadas en mi pared. He necesitado el recordatorio más veces de las que puedo mencionar. Jesús se reía. Se divertía. Siempre lo invitaban a las fiestas porque la gente quería estar cerca de él. No temían que fuera a juzgarlos. Sabían que él no intentaría acabar la fiesta.

¿En quién más podríamos confiar para que sea el alma de la fiesta como en Aquel que vino para darnos una vida feliz y abundante?

Capítulo 6

Gracia y verdad

Combina la codicia de un ejecutivo malversador con la arrogancia de un mal evangelista de televisión. Agrega la audacia de un abogado oportunista y la cobardía de un francotirador disparando desde un automóvil en movimiento. Mezcla esto con una pizca de la moralidad de un chulo y termina con el código ético de un traficante de drogas, y ¿qué tienes?

A un recaudador de impuestos del primer siglo.

Según los judíos, estos individuos estaban escasamente por encima del plancton de la cadena alimentaria. El césar permitía que estos ciudadanos judíos impusieran impuestos a casi todo: tu barca, los peces que atrapabas, tu casa, tus cosechas. Los recaudadores de impuestos ganaban muy buen dinero entregándole a Roma su cuota y metiéndose el resto en el bolsillo.

Mateo era un recaudador de impuestos *público*. Los cobradores de impuestos privados contrataban otros individuos para que hicieran el trabajo sucio. Los cobradores públicos, como Mateo, simplemente llegaban en su limosina al sector pobre de la ciudad y montaban su tienda. Eran tan torcidos como los sacacorchos.

Su nombre de nacimiento, Leví, era un nombre sacerdotal (Marcos 2.14; Lucas 5.27-28). ¿Acaso sus padres aspiraban que entrara al sacerdocio? De ser así, era un fracasado en el círculo familiar.

Puedes apostar a que Mateo era un rechazado. ¿Comidas al aire libre en el vecindario? Nunca lo invitaban. ¿Reuniones del colegio? De alguna manera no lo incluían en la lista. Al hombre lo evitaban tanto como a los estreptococos del grupo A. Todo el mundo se mantenía a distancia de Mateo.

Todos, excepto Jesús. «"Sígueme y sé mi discípulo", le dijo Jesús. Entonces Mateo se levantó y lo siguió» (Mateo 9.9, NTV).

Mateo debió haber estado listo. Jesús no tuvo necesidad de insistirle. De inmediato, los amigos sospechosos de Mateo y los inmaduros seguidores de Jesús comenzaron a intercambiar correos electrónicos. «Leví le hizo gran banquete en su casa; y había mucha compañía de publicanos y de otros que estaban a la mesa con ellos» (Lucas 5.29, RVR1960).

¿Cuál crees que fue el motivo para la fiesta? Intentemos imaginarlo. Puedo ver a Mateo regresando a su oficina y empacando sus cosas. Descuelga de la pared la placa de Estafador del Año y guarda en la caja el certificado de la Academia de Negocios Turbios. Sus colegas empiezan a hacer preguntas.

—¿Qué pasa, Teo? ¿Te vas en un crucero?

—Eh, Mateo, ¿tu mujer te echó de la casa?

Mateo no sabe qué decir. Entre dientes dice algo acerca de un cambio de trabajo. Pero hace una pausa al llegar a la puerta. Con la caja llena de artículos de oficina en los brazos, mira hacia atrás. Lo están mirando con una expresión de derrota; con algo de tristeza, confundidos.

Siente un nudo en la garganta. Ah, estos tipos no son la gran cosa. Los padres advierten a sus hijos sobre esta mala calaña. Vocabulario soez. Moralidad al estilo Mardi Gras. Mantienen el número telefónico de sus corredores de apuestas en discado rápido. El portero del club para caballeros les envía tarjetas de cumpleaños. Pero un amigo es un amigo. No obstante, ¿qué puede hacer Mateo? ¿Invitarlos para que conozcan a Jesús? ¡Sí, claro! A ellos les gustan los predicadores igual que a las ovejas les gustan los carniceros. ¿Y decirles que sintonicen el canal religioso en la televisión? Entonces pensarían que es requisito tener el pelo como algodón de azúcar para seguir a Cristo. ¿Y si a hurtadillas dejara en sus escritorios pequeños tratados de la Torá? Para nada, no los leerían.

Así que como no sabe qué más hacer, Mateo se encoge de hombros y asiente con la cabeza. «¡Estas estúpidas alergias!», dice frotándose un ojo empañado.

Lo mismo se repite más tarde el mismo día. Entra a un bar para saldar su cuenta. La decoración es rústica: un lugar de mala fama, con humo de cigarrillos por todas partes, un candelabro de Budweiser colgando sobre la mesa de billar y una rocola en la esquina. No es el country club, pero para Mateo es su casa en su camino a casa. Y cuando le dice al dueño que no va a regresar, el cantinero responde:

—¡Caramba, Teo! ¿Qué pasa?

Mateo mascula una excusa acerca de un traslado, pero se va con una sensación de vacío en el estómago.

Más tarde se encuentra con Jesús en una cafetería y le habla de su problema.

—Se trata de mis amigos... ya sabes, los muchachos de la oficina. Y los del bar.

—¿Qué pasa con ellos? —pregunta Jesús.

—Bueno, es que compartimos mucho. Voy a extrañarlos. Por ejemplo, José, aunque es tan resbaloso como una sardina, los domingos visita huérfanos. ¿Y Bruno, el del gimnasio? Te puede aplastar como a una cucaracha, pero nunca he tenido un mejor amigo. Me ha pagado la fianza tres veces.

—¿Cuál es el problema? —contesta Jesús, mientras le hace señas para que continúe.

—Es que voy a extrañarlos. A decir verdad, no tengo nada contra Pedro, Santiago ni Juan. Jesús... pero ellos son de domingo en la mañana y yo soy de sábado en la noche. Tengo mi propio círculo, ¿entiendes?

Jesús comienza a sonreír y mueve la cabeza de un lado al otro.

—Mateo, Mateo, ¿crees que vine a ponerte en cuarentena? Seguirme no significa que te olvides de tus amigos. Todo lo contrario. Quiero conocerlos.

—¿Hablas en serio?

—¿Es judío el sumo sacerdote?

—Pero, Jesús, estos tipos... La mitad de ellos están en libertad condicional. José no ha usado medias desde su bar mitzvá.

—Mateo, no estoy hablando de un servicio religioso. Déjame preguntarte: ¿qué te gusta hacer? ¿Bolos? ¿Jugar monopolio? ¿Qué tal juegas el golf?

Los ojos de Mateo brillaron.

—Tienes que verme cocinar —dijo—. Me las arreglo con los filetes como una ballena con Jonás.

—Perfecto —sonríe Jesús—. Entonces organiza una fiesta de despedida. Un fiestón inolvidable. Reúne a la pandilla.

Mateo se encarga de todo. Llama a su ama de llaves y a su secretaria, y pone a calentar la parrilla.

—Telma, corre la voz. Comida y bebida esta noche en mi casa. Di a los muchachos que vengan y traigan a sus parejas.

Y así Jesús termina en la casa de Mateo, una mansión de dos niveles con vista al mar de Galilea. Estacionados afuera hay desde BMW y Harleys hasta limosinas. Y la gente adentro te dice que esto se trata de cualquier cosa menos de una conferencia clerical.

Aretes en los muchachos y tatuajes en las chicas. Cabello peinado con fijador. Música que cala las raíces de los dientes. Y en medio de todo el bullicio está Mateo, haciendo más conexiones que un electricista. Conecta a Pedro con el club de bajistas de los recaudadores de impuestos, y a Marta con el personal de la cocina. Simón el celote se reúne con un compañero de su club de debate de la secundaria. ¿Y Jesús? ¡Rebosante de alegría! ¿Qué podría ser mejor? Santos y pecadores en el mismo salón, sin que nadie esté tratando de decidir quién es cuál. Pero, más o menos una hora después se abre la puerta y entra una brisa helada. «Los fariseos y los maestros de la ley que eran de la misma secta les reclamaban a los discípulos de Jesús: "¿Por qué comen y beben ustedes con recaudadores de impuestos y pecadores?"» (Lucas 5.30).

Añade a la escena la policía religiosa y su piedad de pocos amigos. Enormes libros negros bajo los brazos. Tan risueños como los guardias de las prisiones siberianas. Cuellos clericales tan apretados que resaltan las venas. Ellos también quieren asar algo en la parrilla. Pero no son filetes.

Mateo es el primero en sentir el calor.

—Vaya religioso que es —dice alguien, prácticamente arqueando el músculo de una ceja—. Mire con quiénes anda.

Mateo no sabe si enojarse o escapar. Antes de tener tiempo de decidir, Jesús interviene y les explica que Mateo está donde debe estar. «Los que están sanos no tienen necesidad de médico, sino los enfermos. No he venido a llamar a justos, sino a pecadores al arrepentimiento» (vv. 31-32, RVR60).

Jesús pronunció la oración con ironía. Los fariseos se consideraban «sanos» y «justos» espiritualmente. Pero en realidad, estaban enfermos y eran unos mojigatos. Pero como no creían que estaban enfermos, no veían su necesidad de Jesús.

Por otro lado, Mateo y sus amigos hicieron espacio para Jesús. Como resultado, Jesús hizo espacio para ellos.

¿Hacemos lo mismo nosotros?

Una de las preguntas más difíciles sobre las relaciones humanas es: «¿Qué hacemos con Leví?».

El «Leví» de tu vida es la persona con quien estás totalmente en desacuerdo. Siguen diferentes sistemas de valores. Obedecen filosofías distintas. Se adhieren a códigos de conducta, de vestimenta y de fe distintos.

¿Cómo quiere Dios que respondamos a los «Leví» del mundo? ¿Los ignoramos? ¿Cenamos con ellos? ¿Nos vamos cuando ellos llegan? ¿Les pedimos que se vayan para nosotros poder quedarnos? ¿Analizamos nuestras diferencias? ¿Ignoramos nuestras diferencias? ¿Discutimos?

Me pregunto si en esta sutil reprimenda se encuentra la mejor respuesta: «Por tanto, acéptense mutuamente, así como Cristo los aceptó a ustedes para gloria de Dios» (Romanos 15.7).

Este pasaje resume un llamado a la unidad de treinta versículos a la iglesia romana (Romanos 14.1—15.7). Pablo comenzó y finalizó el discurso con el mismo verbo: *aceptar*. Este verbo, *paralambanó*, significa más que tolerar y coexistir. Significa dar la bienvenida a la hermandad y al corazón de unos y otros. La palabra implica la calidez y la gentileza del amor genuino.

Pablo usó este verbo cuando instó a Filemón a recibir al esclavo Onésimo de la misma forma en que lo habría recibido a él (Filemón v. 17). Lucas lo escogió para describir la hospitalidad que tuvieron los malteses con los que habían naufragado (Hechos 28.2). Y, especialmente, Jesús lo usó para describir la manera en que nos recibe a nosotros (Juan 14.3).

¿Cómo nos recibe? Sé cómo me recibió a mí.

Yo era un joven de veinte años, problemático, y me iba de mal en peor. Aunque había hecho un compromiso con Cristo diez años antes, por mi forma de vivir no te habrías dado cuenta. Había pasado cinco años diciendo que era hijo de Dios todos los domingos en la mañana y divirtiéndome con el diablo todos los sábados en la noche. Era un hipócrita: dos caras, ensimismado yególatra.

Estaba perdido. Perdido como Leví.

Cuando finalmente me harté de estar sentado en el corral de los cerdos, escuché por ahí acerca de la gracia de Dios. Me acerqué a Jesús y él me recibió otra vez. Cabe mencionar que Jesús no aceptaba mi comportamiento. No apoyaba mis riñas ni mi actitud problemática. No era fanático de lo indulgente que era conmigo mismo ni de mis prejuicios. ¿Mi propensión a jactarme, a manipular y a exagerar? ¿Mi actitud chauvinista? Todo eso tenía que desaparecer. Jesús no pasaba por alto al Max egocéntrico que yo había inventado. No aceptaba mi comportamiento pecaminoso.

Pero me aceptó a mí, a su hijo obstinado. Él aceptó lo que podría hacer conmigo. No me dijo que me limpiara y que regresara después. Dijo: «Regresa y yo te limpio». Él estaba «lleno de gracia y de verdad» (Juan 1.14). No solo de gracia, sino también de verdad; no solo de verdad, sino también de gracia.

Gracia y verdad.

La gracia le dijo a la mujer adúltera: «Tampoco yo te condeno» (Juan 8.11).

La verdad le dijo: «Vete, y no peques ya más» (Juan 8.11, RVR1960).

La gracia invitó a almorzar a un estafador llamado Zaqueo.

La verdad lo motivó a vender la mitad de sus pertenencias y darlas a los pobres (Lucas 19.1-8).

La gracia lavó los pies de los discípulos.

La verdad les dijo: «Hagan lo mismo que yo he hecho con ustedes» (Juan 13.15).

La gracia invitó a Pedro a bajarse del bote y a caminar sobre el mar.

La verdad lo regañó por su falta de fe (Mateo 14.29-31).

La gracia invitó a la mujer del pozo a beber agua eterna.

La verdad le recordó discretamente que había tenido cinco maridos y que ahora convivía con su novio (Juan 4.18).

Jesús tuvo la gracia suficiente para encontrarse con Nicodemo en la noche.

Fue lo suficientemente sincero para decirle: «El que no naciere de nuevo, no puede ver el reino de Dios» (Juan 3.3, RVR1960).

Jesús compartía la verdad, pero con gracia.

Jesús ofrecía gracia, pero con la verdad. Gracia y verdad. La aceptación busca ofrecer ambas cosas.

Jesús encontró una manera para aceptar a los Mateo y a los Max del mundo. La esperanza está en que hará lo mismo a través de ti y de mí.

Capítulo 7

Cualquiera

«Porque tanto amó Dios al mundo que dio a su Hijo unigénito, para que [cualquiera] que cree en él no se pierda, sino que tenga vida eterna» (Juan 3.16).

Cualquiera despliega el 3.16 como un estandarte por toda la eternidad. *Cualquiera* desenrolla la alfombra de bienvenida al cielo ante toda la humanidad. *Cualquiera* invita al mundo a Dios.

Jesús pudo fácilmente haber limitado el alcance: «Cualquier cosa que el judío crea» o «Cualquier mujer que me siga». Sin embargo, no usó ningún calificador. El pronombre es maravillosamente indefinido. Después de todo, ¿quién no es un *cualquiera*?

La palabra derrumba a martillazos las barreras raciales y dinamita las clases sociales. Circunvala los límites de género y rebasa las tradiciones antiguas. *Cualquiera* lo deja claro: Dios exporta su gracia al mundo entero. Para los que intentan restringirla, Jesús tiene una palabra: *cualquiera*.

A *cualquiera* que me reconozca delante de los demás, yo también lo reconoceré delante de mi Padre que está en el cielo. (Mateo 10.32)

[*Cualquiera*] que se aferre a su propia vida, la perderá, y el que renuncie a su propia vida por mi causa, la encontrará. (Mateo 10.39)

Cualquiera que hace la voluntad de Dios es mi hermano, mi hermana y mi madre. (Marcos 3.35)

[*Cualquiera*] que crea y sea bautizado será salvo, pero el que no crea será condenado. (Marcos 16.16)

[*Cualquiera*] que cree en el Hijo tiene vida eterna; pero el que rechaza al Hijo no sabrá lo que es esa vida, sino que permanecerá bajo el castigo de Dios. (Juan 3.36)

[*Cualquiera*] que beba del agua que yo le daré no volverá a tener sed jamás. (Juan 4.14)

[*Cualquiera*] que a mí viene, no lo rechazo. (Juan 6.37)

[*Cualquiera*] que vive y cree en mí no morirá jamás. (Juan 11.26)

[*Cualquiera*] que tenga sed, venga; y el que quiera, tome gratuitamente del agua de la vida. (Apocalipsis 22.17)

Tito 2.11 nos asegura que «Dios ha manifestado a toda la humanidad su gracia, la cual trae salvación». Pablo sostuvo que Jesucristo «dio su vida como rescate por todos» (1 Timoteo 2.6). Pedro afirmó que Dios «no quiere que nadie perezca, sino que todos se arrepientan» (2 Pedro 3.9). El evangelio de Dios tiene una política de «cualquiera».

Nosotros, los seres humanos, no somos propensos a esta política de «cualquiera». Tendemos al orden jerárquico. Nos encantan los pedestales. Los niños por encima de las niñas o viceversa. El próspero por encima del indigente. El culto sobre el que ha dejado los estudios. El veterano sobre el recién llegado. Los judíos sobre los gentiles.

Un abismo infranqueable se abría entre los judíos y los gentiles en los días de la primera iglesia. Un judío no podía beber leche que hubiera sido ordeñada por un gentil, ni comer su comida. Los judíos no podían socorrer a una madre gentil en los momentos de necesidad. Los médicos judíos no podían atender a los pacientes no judíos.[1] Ningún judío quería tener nada que ver con un gentil. Eran impuros.

A menos que ese judío, por supuesto, fuera Jesús. Las sospechas sobre un nuevo orden empezaron a aflorar debido a su curiosa conversación con la mujer cananea. Su hija se estaba muriendo y su oración era urgente. Pero su ascendencia era gentil. Jesús le dijo: «No soy enviado sino a las ovejas perdidas de la casa de Israel», a lo que ella contestó: «Sí, Señor; pero aun los perrillos comen de las migajas que caen de la mesa de sus amos» (Mateo 15.24, 27, RVR1960).

Jesús sanó a la hija de la mujer y dejó clara su postura. Le preocupaba más atraer a todo el mundo que dejar fuera a cierta gente.

A Jesús no siempre lo invitaban a la fiesta, sino que siempre estamos invitados a la de él. Desde la persona que recibe el voto como la más popular hasta la que recibe el voto por... nada, porque nadie sabía que existía. De hecho, la última categoría es la especialidad de Jesús. Jesús era amigo de los marginados. Era amigo de los que no tenían amigos. Pasaba tiempo con los impopulares, los vagabundos, los enfermos.

Y con la mujer que era el tema de todos los chismes. Para cuando Jesús la conoció, ella era la versión del primer siglo de ir en picada. Cinco exesposos y media docena de hijos, y todos se parecían a un papá distinto. Las décadas viviendo a la ligera la habían dejado tatuada y censurada, y viviendo con un novio que pensaba que una boda era una pérdida de tiempo.

Ella era la comidilla de los chismosos. ¿De qué otra manera podemos explicar su visita en el pozo? Las otras mujeres llenaban sus cántaros al amanecer, pero esta mujer optó por el mediodía. Supongo que prefería el calor del sol al calor del desprecio de la gente.

De no haber sido por la aparición de un extranjero, su historia se habría perdido en la arena samaritana. Sin embargo, él llegó a su vida con una promesa de agua eterna y sed satisfecha. El pasado de ella no provocó que la rechazara. Justo lo contrario. Jesús le ofreció hacer música con su basura y ella aceptó la oferta. Sabemos que fue así por lo que ocurrió después.

Muchos de los samaritanos que vivían en aquel pueblo creyeron en él por el testimonio que daba la mujer: «Me dijo todo lo que he hecho». Así que cuando los samaritanos fueron a su encuentro le insistieron en que se quedara con ellos. Jesús permaneció allí dos días, y muchos más llegaron a creer por lo que él mismo decía. «Ya no creemos solo por lo que tú dijiste», le decían a la mujer; «ahora lo hemos oído nosotros mismos, y sabemos que verdaderamente este es el Salvador del mundo». (Juan 4.39-42)

La mujer al margen se convirtió en la mujer con el mensaje. Nadie más le dio una oportunidad. Jesús le presentó la oportunidad de su vida. Él vino por las personas como ella.

Capítulo 8

El estafador

Si en el Nuevo Testamento hay un estafador, sin duda se trata de este hombre. Zaqueo jamás conoció a alguien a quien no pudiera engañar ni vio un dólar que no pudiera agarrar. Era el «jefe de los recaudadores de impuestos» (Lucas 19.2). Los recaudadores de impuestos del primer siglo desplumaban a todo lo que caminaba. El gobierno romano les permitía quedarse con todo lo que pudieran agarrar, después de que Roma había recibido su parte. Zaqueo se quedó con mucho. «Era muy rico» (v. 2). Rico al estilo de un descapotable de dos asientos. Rico al estilo de zapatos de piel de cocodrilo. Rico al nivel de traje a la medida y uñas arregladas. Asquerosamente rico.

¿Y qué tal un rico con sentido de culpabilidad? No sería el primer tramposo en sentir remordimientos. Y no sería el primero en preguntarse si Jesús podría ayudarle a quitárselos de encima. Quizás fue por eso que terminó encaramado en un árbol. Cuando Jesús pasaba por Jericó, la mitad de la ciudad se presentó para echar un vistazo. Zaqueo estaba entre ellos. Los ciudadanos no iban a permitir que este enano con tantos enemigos se pusiera frente a la multitud. Así que su última opción era saltar de arriba abajo detrás del gentío, con la esperanza de poder echar un vistazo.

Fue entonces cuando vio el sicomoro y salió disparado. Se sintió feliz de poder subirse a una rama para ver pasar a Jesús. Nunca imaginó que el Maestro lo miraría. Pero Jesús lo hizo. «Zaqueo, baja en seguida. Tengo que quedarme hoy en tu casa» (v. 5).

El diminuto estafador miró a un lado y luego al otro, para cerciorarse de que no hubiera otro Zaqueo en el árbol. Pero resultó que Jesús le estaba hablando a él. ¡A él! De todas las casas de la ciudad, Jesús escogió la de Zaqueo. Financiada con dinero ilegal y evitada por los vecinos, pero ese día la presencia de Jesús adornó aquella casa.

Zaqueo nunca volvió a ser el mismo. «Mira, Señor: Ahora mismo voy a dar a los pobres la mitad de mis bienes y, si en algo he defraudado a alguien, le devolveré cuatro veces la cantidad que sea» (v. 8).

La gracia entró por la puerta principal y la avaricia salió corriendo por la puerta trasera. Cambió su corazón.

¿Está la gracia cambiando el tuyo?

Si había algo que Jesús quería que todo el mundo entendiera era esto: una persona tiene valor simplemente porque él o ella es una persona. Por eso trataba a los marginados —samaritanos, adúlteras, recaudadores de impuestos— de la forma en que lo hizo, hasta su último respiro. ¿Recuerdas al ladrón en la cruz al lado de él? Si alguna vez existió alguien despreciable, él era uno de ellos. Si alguien merecía morir, probablemente haya sido este hombre. Si existía un tipo que fuera un fracasado, este encabezaba la lista.

Tal vez por esto Jesús lo haya escogido a él para mostrarnos lo que piensa sobre la humanidad.

Es posible que este criminal haya escuchado predicar al Mesías. Quizás lo había visto amar a los humildes. Tal vez lo había visto comer con los rebeldes, los carteristas y los difamadores en las calles. O quizás no. Tal vez lo único que sabía sobre el Mesías era lo que veía ahora: un predicador golpeado, azotado y suspendido de unos clavos. Su rostro manchado con sangre, sus huesos asomándose por la piel rasgada, sus pulmones tratando de respirar.

Sin embargo, algo le dijo que nunca había estado en mejor compañía. Y de alguna manera se dio cuenta de que aunque todo lo que le quedaba era una oración, finalmente había conocido a Aquel que podía responderla.

—¿Alguna posibilidad de que puedas recomendarme bien? (Traducción libre).

—Puedes contar con eso.

Ahora bien, ¿por qué Jesús hizo esto? ¿Qué rayos podía ganar prometiéndole a este malhechor un lugar de honor en la mesa de banquete? ¿Qué rayos podía ofrecerle a cambio este estafador traicionero? Es decir, puedo entender lo de la mujer samaritana. Ella podía regresar y contar lo que le había pasado. Y Zaqueo tenía algo de dinero que podía dar a otros. ¿Pero este tipo? ¿Qué iba a hacer? ¡Nada!

Ese es el punto. Escucha detenidamente. El amor de Jesús no depende de lo que podamos hacer por él. Para nada. Ante los ojos del Rey, tienes valor simplemente porque existes. No tienes que lucir bien ni tener un buen desempeño. Tu valor es innato.

Punto.

Piensa en esto por un minuto. Eres valioso solo porque existes. No por lo que hagas ni por lo que has hecho, simplemente porque eres. Recuerda esto. Recuérdalo la próxima vez que te dejen moviendo la cabeza de arriba abajo tras la ambición arrolladora de alguien. Recuérdalo la próxima vez que algún charlatán trate de ponerle a tu autoestima una etiqueta con precio de ganga. La próxima vez que alguien te trate como un artículo en liquidación, simplemente piensa en la manera que Jesús te honra... y sonríe.

Yo lo hago. Y me sonrío porque sé que no merezco un amor como este. Nadie lo merece. Cuando llegas al fondo del asunto, cualquier contribución que alguno de nosotros pueda hacer es bastante insignificante. Todos —aun el más puro de nosotros— nos merecemos el cielo tanto como aquel delincuente. Todos estamos firmando con la tarjeta de crédito de Jesús, no la nuestra.

Y también me hace sonreír cuando pienso que hay un exconvicto sonriente caminando por las calles de oro que sabe más sobre la gracia que mil teólogos. Nadie más le habría concedido una oración. Pero a fin de cuentas era todo lo que tenía. Y, al final, fue todo lo que necesitó.

PARTE 3

MAESTRO

Hace algunos años, Denalyn y yo recorrimos la torre Eiffel en París en una gira. La torre fue construida entre 1887 y 1889, y sirvió como el arco de entrada a la Exposición Universal en 1889, donde se conmemoró el centenario de la Revolución francesa. Se suponía que la torre se mantuviera en pie por solo veinte años, pero se convirtió en una valiosa herramienta de comunicación y ha permanecido como un elemento inconfundible del perfil urbano de París (especialmente porque los edificios en la ciudad no pueden sobrepasar los siete pisos de altura). Durante la ocupación alemana de París en la Segunda Guerra Mundial, cortaron los cables de los ascensores, y esto obligó a los soldados alemanes a subir las escaleras para llegar hasta el tope e izar la esvástica. A las pocas horas de la liberación de París, los ascensores comenzaron a funcionar otra vez.

Es una estructura icónica fascinante, y Denalyn y yo nos unimos al gentío para explorarla. Algunos turistas llevaban auriculares y podían hacer el recorrido a su propio paso. Otros seguían a sus guías turísticos y escuchaban narraciones en distintos puntos de interés. Otros no tenían auriculares ni un guía turístico. Asumieron que podrían responder todas sus preguntas por sí mismos. Yo era uno de esos. Muy pronto lamenté no tener la asistencia de auriculares o de un guía turístico. Tenía más preguntas que respuestas. ¿Cuánto tiempo tomó la construcción? ¿A quién se le ocurrió la idea de construirla? ¿Por qué en este lugar? ¿Alguna vez un rayo ha alcanzado la estructura?

Denalyn no sabía. Yo no sabía. Pero los guías sí sabían. Así que voy a confesarles algo. Comencé a escuchar a escondidas. Me acerqué disimuladamente a un grupo e incliné mi oído para captar algunos fragmentos de la narración. Escuché sobre el tiempo de la construcción. Sobre la altura. Lo que no escuché fue esta invitación: «¿Le gustaría a alguno de ustedes conocer al diseñador?», o «¿Podría interesar a alguien una relación con el arquitecto?» o «El hombre detrás de esta estructura está interesado en ofrecer más detalles personalmente, ¿algún voluntario?».

Nadie nos hizo esos ofrecimientos. ¿Por qué? El diseñador está muerto, para empezar. Ya no habita en la tierra. Pero aun si Gustavo Eiffel estuviera vivo, ¿cuáles son las probabilidades de que se pusiera a disposición para conocerme? ¿Para recibir consultas? ¿Para contestar preguntas personalmente? No, no podemos conocer al diseñador de la torre Eiffel.

Pero sí podemos conocer al diseñador del Gran Cañón, del ojo humano y de la Vía Láctea. El arquitecto de la estructura más reconocida en París no está disponible, está muerto y enterrado. Pero Aquel que talló el Cañón Hudson en el lecho del Océano Atlántico no lo está. El creador del monumento francés ya no puede hablar, pero el creador del monte Everest está vivo y muy bien. Y nos invita a conocerlo.

No podemos enfatizar esto lo suficiente. ¡Dios quiere que lo conozcamos!

«Que no se gloríe el sabio de su sabiduría, ni el poderoso de su poder, ni el rico de su riqueza. Si alguien ha de gloriarse, que se gloríe de conocerme y de comprender que yo soy el SEÑOR» (Jeremías 9.23-24).

Es imposible conocer el significado de la vida si no conocemos al Creador de la vida. Y el Creador de la vida está dispuesto a ser nuestro maestro. Jesús vino como nuestro guía. Él nos revela sabiduría y verdad. No solo podemos conocer datos interesantes acerca de Dios, sino también su corazón, su alegría, su pasión, su plan y sus tristezas. No nos han dejado solos con nuestras divagaciones y preguntas. Tenemos un maestro. Su nombre es Jesús.

Capítulo 9

Él se inclinó por ella

L os gritos la sacaron de la cama.

—¡Levántate, ramera!

—¿Qué clase de mujer crees que eres?

Los sacerdotes abrieron de golpe la puerta del dormitorio, descorrieron las cortinas y quitaron las cobijas. Antes de poder sentir la calidez del sol matutino, ella sintió el calor del desdén de ellos.

—¡Qué vergüenza!

—Patética.

—¡Repugnante!

Apenas tuvo tiempo para cubrirse el cuerpo antes de que la hicieran caminar por las estrechas calles. Los perros ladraban. Los gallos salían corriendo. Las mujeres se asomaban a las ventanas.

Las madres sacaban del camino a sus hijos. Los mercaderes miraban por las puertas de sus tiendas. Jerusalén se convirtió en jurado y pronunciaba su veredicto con miradas y brazos cruzados.

Y como si la incursión al dormitorio y el desfile de vergüenza no hubieran bastado, los hombres la metieron violentamente en medio de una clase bíblica matutina.

Al amanecer se presentó de nuevo en el templo. Toda la gente se le acercó, y él se sentó a enseñarles. Los maestros de la ley y los fariseos llevaron entonces a una mujer sorprendida en adulterio, y poniéndola en medio del grupo le dijeron a Jesús: «Maestro, a esta mujer se le ha sorprendido en el acto mismo de adulterio. En la ley Moisés nos ordenó apedrear a tales mujeres. ¿Tú qué dices?» (Juan 8.2-5).

Los asombrados estudiantes quedaron a un lado de la pecadora. Los querellantes religiosos en el otro. Ellos tenían sus preguntas y convicciones; ella tenía su negligé y su lápiz labial corrido. Sorprendida in fraganti. Justo en el momento. En los brazos. En la pasión. Atrapada por el Concilio de Decencia y Conducta de Jerusalén. «En la ley Moisés nos ordenó apedrear a tales mujeres. ¿Tú qué dices?».

La mujer no tenía salida. ¿Negar la acusación? La habían atrapado. ¿Pedir clemencia? ¿De quién? ¿De Dios? Sus portavoces estaban apretando piedras con sus puños y gruñendo entre dientes. Nadie la defendería.

Pero alguien se inclinaría por ella.

«Jesús se inclinó y con el dedo comenzó a escribir en el suelo» (v. 6). Habríamos esperado que se pusiera de pie, que diera un paso adelante, o hasta que subiera por una escalinata y hablara. Pero en vez de eso, se inclinó. Descendió más abajo que todos los demás;

debajo de los sacerdotes, del pueblo, y quizás hasta de la misma mujer. Los acusadores miraban hacia abajo para verla a ella. Para ver a Jesús, tenían que mirar todavía más abajo.

Él tiende a inclinarse. Se inclinó para lavar pies y para abrazar a niños. Se inclinó para sacar a Pedro del agua y para orar en el huerto. Se inclinó ante el poste de flagelación romano. Se inclinó para cargar la cruz. La gracia es un Dios que se inclina. Aquí se inclinó para escribir en la tierra.

¿Recuerdas la primera vez que los dedos de Jesús tocaron barro? Tomó tierra del suelo y formó a Adán. Ahora, mientras tocaba la tierra cocida por el sol al lado de esta mujer, Jesús tal vez estaba reviviendo el momento de la creación; recordándose de dónde venimos. Los seres humanos terrenales somos propensos a hacer cosas terrenales. Tal vez Jesús escribió en el suelo para su propio beneficio.

¿O para el de ella? ¿Quizás para que los ojos abiertos se desviaran de la mujer ligera de ropas y recién atrapada que se hallaba en el centro del círculo?

El pelotón se impacientó con el Jesús silencioso e inclinado. «Como ellos lo acosaban a preguntas, Jesús se incorporó» (v. 7).

El Maestro se enderezó hasta que sus hombros quedaron derechos y la cabeza erguida. No se incorporó para predicar, porque sus palabras serían pocas. No por mucho tiempo, porque pronto volvería a inclinarse. No para instruir a sus seguidores, pues no se dirigía a ellos. Se inclinó a favor de la mujer. Se colocó entre ella y la turba enardecida: «Aquel de ustedes que esté libre de pecado, que tire la primera piedra. E inclinándose de nuevo, siguió escribiendo en el suelo» (vv. 7-8).

Los que insultaban cerraron la boca. Las piedras cayeron al suelo. Jesús volvió a garabatear. «Al oír esto, se fueron retirando uno tras otro, comenzando por los más viejos, hasta dejar a Jesús solo con la mujer, que aún seguía allí» (v. 9).

Jesús no había terminado. Se puso de pie una última vez y le preguntó a la mujer: «¿Dónde están? ¿Ya nadie te condena?» (v. 10).

Vaya, vaya, vaya. ¡Qué pregunta! Y no solo para ella, sino para nosotros. Las voces de condenación también nos despiertan.

«No eres suficientemente bueno».

«Nunca mejorarás».

«Fallaste... otra vez».

Las voces en nuestro mundo.

¡Y las voces en nuestras cabezas! ¿Quién es este patrullero de la moral que emite una citación cada vez que tropezamos? ¿Quién nos recuerda cada error? ¿Se queda callado alguna vez?

No. Porque Satanás nunca se calla. El apóstol Juan lo llamó acusador:

Así fue expulsado el gran dragón, aquella serpiente antigua que se llama Diablo y Satanás, y que engaña al mundo entero. Junto con sus ángeles, fue arrojado a la tierra. Luego oí en el cielo un gran clamor:

«... Porque ha sido expulsado el acusador de nuestros hermanos, el que los acusaba día y noche delante de nuestro Dios». (Apocalipsis 12.9-10)

Hora tras hora, día tras día. Incesante, incansable. El acusador hace de la acusación una profesión. A diferencia de la convicción del Espíritu Santo, la condenación de Satanás no produce arrepentimiento ni determinación, solo remordimiento. Él tiene un objetivo: «robar, matar y destruir» (Juan 10.10).

Robarte tu paz, matar tus sueños y destruir tu futuro. Él ha nombrado a una horda de elocuentes demonios como ayudantes. Recluta a personas para divulgar su veneno satánico. Amigos que sacan a relucir nuestro pasado. Predicadores que predican solo culpa y nada de gracia. Y los padres, ah, nuestros padres. Poseen una agencia de viajes que se especializa en viajes de culpa. La distribuyen veinticuatro horas al día. Aún de adultos seguimos escuchando sus voces: «¿Por qué no maduras?» «¿Cuándo me vas a hacer sentir orgulloso?».

Condenación... el producto preferido de Satanás. Repetirá el escenario de la mujer adúltera tan a menudo como se lo permitas, te paseará por las calles de la ciudad y arrastrará tu nombre en el fango. Te empuja al centro de la multitud y usa su megáfono para exponer tu pecado: «Esta persona fue sorprendida en un acto de inmoralidad... estupidez... deshonestidad... irresponsabilidad».

Pero Satanás no tendrá la última palabra. Jesús ha actuado a nuestro favor.

Jesús se inclinó. Tanto como para dormir en un pesebre, trabajar en un taller de carpintería y dormir en un barco de pesca. Tanto como para codearse con ladrones y leprosos. Tanto como para que lo escupieran, lo abofetearan, lo clavaran y lo traspasaran con una lanza. Se inclinó muy abajo. Tanto como para ser sepultado.

Y luego se incorporó. Frente a la piedra de la muerte. Delante de la tumba de José y justo en la cara de Satanás. Alto. Derecho. Se enderezó a favor de la mujer y silenció a sus acusadores, y hoy hace lo mismo por ti. Jesús se endereza.

‑‑

—¿Dónde están los que te acusaban? ¿Ni uno de ellos te condenó?

—Ni uno, Señor —dijo ella.

—Yo tampoco —le dijo Jesús—. Vete y no peques más (Juan 8.10-11, NTV).

En unos pocos minutos, el patio estaba vacío. Jesús, la mujer, sus críticos... todos se fueron. Pero echemos un vistazo. Mira las piedras en el suelo, abandonadas y sin usar. Y mira los garabatos en la arena. Es el único sermón escrito de Jesús. Y aunque no sabemos cuáles fueron las palabras, me pregunto si dirían algo así:

Aquí encuentras gracia.

Capítulo 10

Como quien tenía
autoridad

Cristo: el Rey único e incomparable... declara que él es el Revelador único e incomparable. «Nadie conoce al Hijo sino el Padre, y nadie conoce al Padre sino el Hijo» (Mateo 11.27).

Jesús disfruta de una intimidad con Dios; una mutualidad que solo se comparte en la Trinidad.

Las parejas casadas conocen algo de esto. Terminan las oraciones del otro y anticipan mutuamente sus acciones. Algunos hasta comienzan a parecerse físicamente (una posibilidad que aterra muchísimo a mi esposa).

Denalyn y yo nos estamos acercando a cuatro décadas de matrimonio. Ya no conversamos; nos comunicamos en código. Ella llega a la cocina mientras yo estoy preparando un sándwich.

—¿Denalyn? —pregunto.

—No, no quiero ahora.

Abro la nevera y me quedó mirando por unos momentos.

—¿Denalyn?

—La mayonesa está en la puerta y los tomates en la gaveta —responde después de mirar el sándwich que estoy preparando.

Ella sabe lo que voy a decir antes de que lo diga. Por lo tanto, ella puede hablar en mi nombre con absoluta credibilidad. Si ella dice: «Max preferiría otro color», o «Max aprobaría esa idea», escúchala. Ella sabe de lo que está hablando. Nadie más cualifica como mi representante como ella.

¡Cuánto más cualifica Jesús como el de Dios! Jesús «el Hijo único, que está más cerca del Padre, y que es Dios mismo, nos ha enseñado cómo es él» (Juan 1.18, TLA).

Cuando Jesús dice: «En el hogar de mi Padre hay muchas viviendas» (Juan 14.2), cuenta con ello. Él sabe. Ha caminado en ellas.

Cuando dice: «Ustedes valen más que muchos gorriones» (Mateo 10.31), confía en él. Jesús sabe. Él conoce el valor de cada criatura.

Cuando Cristo declara: «Su Padre sabe lo que ustedes necesitan antes de que se lo pidan» (Mateo 6.8), créelo. Después de todo, «Él estaba con Dios en el principio» (Juan 1.2).

Jesús no reclama ser el mejor teólogo, un teólogo dotado, ni siquiera el Teólogo Supremo, sino el único Teólogo. «Nadie conoce al Padre sino el Hijo». No dice: «Nadie conoce realmente al Padre como el Hijo» o «al estilo del Hijo». Sino más bien, «Nadie conoce al Padre sino el Hijo».

La puerta del cielo tiene una llave y Jesús la tiene. Piénsalo de esta manera. Estás estudiando astronomía en tu quinto año de primaria. El día que lees sobre la primera misión a la luna, tú y tus compañeros de clase bombardean a la maestra con preguntas sobre el viaje espacial.

—¿Cómo se siente el suelo lunar?

—¿Puedes tragar cuando no hay gravedad?

—¿Y qué me dices de ir al baño?

La maestra hace lo mejor que puede, pero prologa la mayoría de sus respuestas con «me imagino que...», o «Pienso que...», o «Tal vez...».

¿Cómo podría saber la respuesta? Nunca ha estado allí. Pero al día siguiente trae a un invitado. Buzz Aldrin entra al salón. Sí, el astronauta que dejó sus huellas en la superficie de la luna.

«Ahora hagan sus preguntas», invita la maestra. Y Aldrin las contesta todas con certidumbre. Él conoce la luna; caminó en ella. No hay especulación ni titubeo. Aldrin habla con convicción.

Lo mismo hizo Jesús. «Les enseñaba como quien tenía autoridad» (Mateo 7.29). Jesús conoce las dimensiones del trono de Dios, la fragancia de su incienso, las canciones favoritas del coro eterno. Él tiene un conocimiento de Dios único, inigualable, sin par, y quiere compartirlo contigo. «Nadie conoce al Hijo sino el Padre, y nadie conoce al Padre sino el Hijo y aquel a quien el Hijo quiera revelarlo» (Mateo 11.27).

Jesús no se jacta de su conocimiento; él lo comparte. No presume; lo da. No lo celebra; lo revela. Él nos revela los secretos de la eternidad.

Y los comparte, no solo con los mandamases y los pura sangre, sino con los hambrientos y los necesitados. Justo en los versículos siguientes, Jesús nos invita: «Vengan a mí todos los que están cansados y llevan cargas pesadas, y yo les daré descanso. Pónganse mi yugo. Déjenme enseñarles, porque yo soy humilde y tierno de corazón, y encontrarán descanso para el alma» (vv. 28-29, NTV).

Hazte un favor. Busca el marcador fluorescente más brillante posible y la tinta más oscura que jamás se haya producido. Marca, subraya y acepta su invitación: «Déjenme enseñarles...».

Dios no es un Dios de confusión, y donde sea que vea a buscadores sinceros con corazones confundidos puedes estar seguro de que él hará lo que sea necesario para ayudarlos a ver su voluntad.

Una de mis tareas como niño explorador era construir una cometa. Una de mis bendiciones era tener un papá experto en la construcción de cometas. Él construía un montón de cosas: patinetes sobre patines, go-karts y más. Incluso construyó nuestra casa. Una cometa para él era como un dibujo de palitos para Van Gogh. Podía crearla hasta dormido.

Con pegamento para madera, palitos y periódicos, creamos una obra maestra que bailaba en el cielo: roja, blanca y azul, en forma de caja. Volamos nuestra creación en el viento de marzo. Pero unos pocos minutos después, mi cometa quedó atrapada en una corriente de aire descendiente y comenzó a descender en picada. Estiré el hilo, corrí hacia atrás e hice todo lo que pude para mantenerla en el aire. Pero era demasiado tarde. Se estrelló en la tierra como un Hindenburg.

Imagínate a un muchacho de doce años, pelirrojo y desconsolado, parado frente a su cometa desplomada. Ese era yo. Imagínate a un hombre robusto, con piel rojiza y un overol poniendo su mano en el hombro del muchacho. Ese era mi padre, el creador de cometas. Inspeccionó el montón de palitos y papel, y me aseguró: «Todo está bien. Podemos arreglar esto». Le creí. ¿Por qué no? Él habló con autoridad.

Lo mismo hace Cristo. A todos los que viven como cometas estrelladas, él les dice: «Podemos arreglar esto. Déjame enseñarte. Déjame enseñarte cómo administrar tu dinero, a lidiar con tus lunes y con tus suegros gruñones. Déjame explicarte por qué la gente pelea, la muerte llega y el perdón cuenta. Pero, sobre todo, déjame enseñarte para qué estás en esta tierra».

¿De verdad necesitamos aprender? Sabemos tanto, y a la misma vez sabemos tan poco. La edad de la información es la edad de la confusión. Sabemos mucho sobre cómo hacerlo, pero muy poco sobre el porqué lo hacemos. Necesitamos respuestas. Jesús las ofrece.

Sin embargo, ¿podemos confiar en él? Solo hay una manera de saberlo. Búscalo. Alza tus ojos y enfócate en Jesús. No es echar un vistazo ni una ojeada a la ligera. Matricúlate en su escuela. «Déjenme enseñarles...».

Que Jesús sea tu norte, tu punto de referencia. Busca entre las calles atestadas y las sombras de los techos hasta que encuentres su rostro, y luego fija tu mirada en él.

Capítulo 11

El camino a través
del desierto

Lo inhabitable del desierto. Tierra reseca. Rocas afiladas. Arenas movedizas. Sol ardiente. Espinas que cortan. El espejismo de un oasis. Horizontes ondulados mucho más allá del alcance. Esto es lo inhabitable del desierto.

Lo inhabitable del alma. Promesas resecas. Palabras afiladas. Compromisos movedizos. Ira ardiente. Rechazos que cortan. El espejismo de la esperanza. Soluciones distantes mucho más allá del alcance. Esto es lo inhabitable del alma.

Algunos de ustedes conocen el primero. Todos conocemos el segundo. Sin embargo, Jesús conoció ambos. Con la piel aún húmeda por las aguas del Jordán, se alejó del alimento y las amistades, y entró en territorio de hienas, lagartos y buitres. Jesús «fue llevado por el Espíritu al desierto. Allí estuvo cuarenta días y fue tentado por el diablo. No comió nada durante esos días, pasados los cuales tuvo hambre» (Lucas 4.1-2).

El desierto no fue un tiempo típico para Jesús. La normalidad se quedó en el Jordán y la redescubriría en Galilea. El desierto era y es atípico. Un paréntesis oscuro en la historia de la vida. Una temporada temible de encuentros frente a frente con el diablo. No necesitas viajar a Israel para experimentar el desierto. Un cementerio serviría muy bien. También un hospital. El dolor puede llevarte al desierto. También el divorcio, las deudas o la depresión.

En la Biblia, el número cuarenta se asocia con batallas prolongadas. Noé enfrentó la lluvia durante cuarenta días. Moisés enfrentó el desierto durante cuarenta años. Jesús se enfrentó a la tentación durante cuarenta días. Fíjate en que él no se enfrentó a la tentación un día de los cuarenta. Jesús estuvo en el desierto «cuarenta días y fue tentado por el diablo» (v. 2). La batalla no se limitó a tres preguntas. Jesús pasó un mes y diez días luchando a brazo partido con Satanás.

El desierto es un invierno prolongado y solitario. Médico tras médico. Currículo tras currículo. Pañal tras pañal. Antidepresivo tras antidepresivo. Un dolor de cabeza tras otro. El calendario se estancó en febrero, y estás varado en las tierras baldías en Dakota del Sur y ni siquiera puedes recordar a qué huele la primavera.

Un síntoma más de las tierras baldías: piensas lo inimaginable. A Jesús le ocurrió. Posibilidades descabelladas cruzaron su mente. ¿Asociarse con Satanás? ¿Optar por ser un dictador y no un Salvador? ¿Incendiar la Tierra y comenzar de nuevo en Plutón? No sabemos qué pensó. Solo sabemos esto: Jesús «fue tentado por el diablo». Aunque haya sido por solo un momento, las palabras de Satanás lo hicieron pausar. No comió del pan, pero se detuvo frente a la panadería el tiempo suficiente como para olerlo.

Cristo conoce el desierto. Más de lo que podrías imaginar. Después de todo, ir allá fue idea de él. No culpes a Satanás por este episodio. Él no fue al desierto a buscar a Jesús. Jesús fue a las tierras baldías para buscarlo a él. «Jesús fue llevado por el Espíritu al desierto, *para ser tentado* por el diablo» (Mateo 4.1, RVR1960). El cielo concertó esta cita. ¿Cómo explicamos esto?

¿La palabra *revancha* significa algo para ti? Por segunda vez en la historia, una mente no caída enfrentaría al ángel caído. El segundo Adán había venido para triunfar donde el primer Adán fracasó.

Cristo desafió al diablo a subir al cuadrilátero. «Has estado acechando a mis hijos desde el principio. Veamos lo que puedes hacer conmigo». Y Satanás aceptó. Por cuarenta días los dos se enfrentaron mano a mano. El Hijo del cielo fue tentado, pero nunca flaqueó; fue golpeado, pero jamás derribado. Triunfó donde Adán fracasó.

Esta victoria, según Pablo, fue una enorme victoria para todos nosotros. «Y así como el delito de Adán puso bajo condenación a todos los hombres, así también el acto justo de Jesucristo hace justos a todos los hombres para que tengan vida» (Romanos 5.18, DHH). El Señor te da la calificación de Jesús en el desierto. Créelo. Si no lo haces, los días del desierto te darán un doble golpe. El gancho derecho es la lucha. El gancho izquierdo es la vergüenza por no prevalecer contra él. Confía en la obra de Jesús. Y confía en su Palabra. No confíes en tus emociones. No confíes en tus opiniones. Ni siquiera confíes en tus amistades. Solo presta tu oído a la voz de Dios.

Otra vez, Jesús es nuestro modelo. ¿Recuerdas cómo Satanás lo provocó? «Si eres el Hijo de Dios...» (Mateo 4.3, 6). ¿Por qué Satanás diría esto? Porque sabía lo que Cristo había oído en el bautismo: «Este es mi Hijo amado; estoy muy complacido con él» (Mateo 3.17). Lo que Satanás estaba cuestionando era: «¿De verdad eres el Hijo de Dios?». Y entonces vino el desafío: «¡Pruébalo! Pruébalo haciendo algo»:

«Ordena a estas piedras que se conviertan en pan» (Mateo 4.3).

«Tírate abajo» (v. 6).

«Todo esto te daré si te postras y me adoras» (v. 9).

¡Qué sutil seducción! Satanás no denunció a Dios, simplemente sembró dudas acerca de él. ¿Es suficiente su obra? A las obras terrenales —como transformar piedras en pan o saltar del templo— les dio igual importancia que a las obras celestiales. Y él sigue tratando, gradualmente, de que nuestra fuente de confianza se aleje de la promesa divina y se enfoque en nuestro desempeño.

Jesús no mordió el anzuelo. Él no pidió señales celestiales. No solicitó un relámpago; simplemente citó la Biblia. Tres tentaciones. Tres declaraciones.

«Escrito está» (v. 4).

«También está escrito» (v. 7).

«Escrito está» (v. 10).

El arma de supervivencia preferida de Jesús es la Biblia. Si las Escrituras fueron suficientes para su desierto, ¿acaso no deberían ser suficientes para el nuestro? No pierdas de vista lo que es importante aquí. Todo lo que tú y yo necesitamos para sobrevivir en el desierto está en el Libro. Simplemente tenemos que prestarle atención.

En un viaje al Reino Unido, nuestra familia visitó un castillo. En el centro de los jardines había un laberinto. Tenía hileras e hileras de arbustos a la altura de mis hombros que te llevaban a un camino sin salida tras otro. Si navegabas satisfactoriamente por el laberinto, descubrías la puerta que te llevaba hasta la torre en medio del jardín. Cuando miras las fotos de nuestro viaje, verás a cuatro de los cinco miembros de nuestra familia parados en la cima de la torre. Hummm, pero alguien todavía está abajo. ¿Adivinas quién? Me había quedado atascado entre los arbustos. No podía decidir qué camino tomar.

Ah, pero entonces oí una voz desde arriba. «¡Mira, papá!». Miré hacia arriba y vi a Sara, que se había asomado por la garita de la torre. Me explicó: «Vas por el camino equivocado. Regresa y da vuelta a la derecha».

¿Crees que confié en ella? No tenía que hacerlo. Pude haber confiado en mis propios instintos, o consultado a otros turistas confundidos, o sentarme a hacer pucheros y preguntarme por qué Dios permitiría que me pasara esto. ¿Pero quieres saber lo que hice? Escuché. La posición de Sara era más ventajosa que la mía. Ella estaba por encima del laberinto. Podía ver lo que yo no podía.

¿No te parece que deberíamos hacer lo mismo con Dios? «¿No está Dios en las alturas de los cielos?» (Job 22.12). «El Señor domina sobre todas las naciones; su gloria está sobre los cielos» (Salmos 113.4). ¿Acaso no puede él ver lo que se nos escapa a nosotros? ¿No quiere él sacarnos y llevarnos a casa? Entonces, haz lo que Jesús hizo. Confía en la Biblia. Duda de tus dudas antes que dudar de tus creencias. Jesús le dijo a Satanás: «No solo de pan vivirá el hombre, sino de toda palabra que sale de la boca de Dios» (Mateo 4.4, RVR1960). Aquí el verbo *salir* es literalmente «derramarse a borbotones». Su tiempo sugiere que Dios está constante y agresivamente comunicándose con el mundo por medio de su Palabra. ¡Asombroso! ¡Dios aún está hablando! No te rindas. Tu tiempo en el desierto pasará. El de Jesús pasó. «El diablo entonces le dejó; y he aquí vinieron ángeles y le servían» (Mateo 4.11, RVR1960).

Hasta que ángeles lleguen a ti:

Confía en su Palabra. Necesitas una voz que te dirija a encontrar la salida.

Confía en su obra. Necesitas un amigo que tome tu lugar.

Gracias a Dios tienes Uno que lo hará.

Capítulo 12

«Yo soy la vid»

Permanezcan en mí, y yo permaneceré en ustedes.
Así como ninguna rama puede dar fruto por sí
misma, sino que tiene que permanecer en la vid, así
tampoco ustedes pueden dar fruto si no permanecen
en mí. Yo soy la vid y ustedes son las ramas. El que
permanece en mí, como yo en él, dará mucho fruto;
separados de mí no pueden ustedes hacer nada. El que
no permanece en mí es desechado y se seca, como las
ramas que se recogen, se arrojan al fuego y se queman.
Si permanecen en mí y mis palabras permanecen en
ustedes, pidan lo que quieran, y se les concederá. Mi

Padre es glorificado cuando ustedes dan mucho fruto
y muestran así que son mis discípulos. Así como el
Padre me ha amado a mí, también yo los he amado a
ustedes. Permanezcan en mi amor. Si obedecen mis
mandamientos, permanecerán en mi amor, así como
yo he obedecido los mandamientos de mi Padre y
permanezco en su amor. (Juan 15.4-10)

La alegoría de Jesús es sencilla. Dios es como el cuidador de una viña. Él vive para obtener lo mejor de sus vides y le encanta hacerlo. Las consiente, las poda, las bendice y las corta. Su propósito es uno: «¿Qué puedo hacer para motivar la producción?». Dios es un horticultor capaz que supervisa cuidadosamente la viña.

Y Jesús desempeña el papel de la vid. Los que no somos jardineros podemos confundir la vid y la rama. Para ver la vid, baja tu vista de las ramas delgadas y ondulantes, y fíjate en la base gruesa abajo. La vid es la raíz y el tronco de la planta. Lleva los nutrientes de la tierra a las ramas. Jesús hace una afirmación sorprendente: «Yo soy la verdadera raíz de la vida». Si algo bueno llega a nuestras vidas, él es el conducto.

¿Y quiénes somos nosotros? Somos las ramas. Damos fruto: «amor, alegría, paz, paciencia, amabilidad, bondad, fidelidad» (Gálatas 5.22). Meditamos en «todo lo que es verdadero, todo lo honorable, todo lo justo, todo lo puro, todo lo bello y todo lo admirable [...] cosas excelentes y dignas de alabanza» (Filipenses 4.8, NTV). Nuestra bondad es evidente a todo el mundo. Nos deleitamos en «la paz de Dios, que sobrepasa todo entendimiento» (Filipenses 4.7).

Conforme nos aferramos a Cristo, Dios es honrado. «Mi Padre es glorificado cuando ustedes dan mucho fruto y muestran así que son mis discípulos» (Juan 15.8).

El Padre cuida. Jesús alimenta. Nosotros recibimos, y las uvas aparecen. Los transeúntes, pasmados ante las cestas rebosantes de amor, gracia y paz, no pueden más que preguntar: «¿Quién está a cargo de esta viña?». Y Dios es honrado. Por esta razón el dar frutos es importante para Dios.

¡Y es importante para ti! Te cansas de la inquietud. Estás listo para que se acaben las noches de insomnio. Anhelas el fruto del Espíritu. Pero ¿cómo das este fruto? ¿Lo intentas con más ahínco? No, te aferras con más fuerza. Nuestra tarea no es la fertilidad, sino la fidelidad. El secreto para dar frutos y vivir sin ansiedad no es tanto hacer, sino permanecer.

Para que no pasemos este punto por alto, Jesús emplea el verbo *permanecer* once veces en siete versículos:

Permanezcan en mí, y yo permaneceré en ustedes. Así como ninguna rama puede dar fruto por sí misma, sino que tiene que permanecer en la vid, así tampoco ustedes pueden dar fruto si no permanecen en mí. [...] El que permanece en mí, como yo en él, dará mucho fruto. [...] El que no permanece en mí es desechado y se seca [...] Si permanecen en mí y mis palabras permanecen en ustedes, pidan lo que quieran, y se les concederá [...] Permanezcan en mi amor [...] permanecerán en mi amor, así como yo he obedecido los mandamientos de mi Padre y permanezco en su amor. (Juan 15.4-10)

«¡Ven a vivir conmigo!», nos invita Jesús. «Haz de mi hogar tu hogar».

Lo más probable es que sepas lo que significa «estar en casa» en algún lugar.

Estar en casa es sentirse seguro. La residencia es un lugar de refugio y seguridad.

Estar en casa es sentirse cómodo. Te puedes pasar el día en pijamas y pantuflas.

Estar en casa es conocer bien el lugar. Cuando cruzas la puerta, no necesitas consultar los planos para encontrar la cocina.

Nuestra meta —nuestra única meta— es estar en casa en Cristo. Él no es un parque junto a la carretera ni una habitación de hotel. Él es nuestra dirección postal permanente. Cristo es nuestro hogar. Él es nuestro lugar de refugio y seguridad. Nos sentimos cómodos en su presencia y somos libres para ser tal como somos. Sabemos cómo movernos en él. Conocemos su corazón y sus caminos.

Descansamos en él, encontramos nuestro alimento en él. Su techo de gracia nos protege de las tormentas de culpa. Sus paredes de providencia nos aseguran de los vientos destructores. Su chimenea nos calienta durante los solitarios inviernos de la vida. Nos quedamos en la morada de Cristo y no nos marchamos.

¡La rama nunca suelta a la vid! ¡Nunca! ¿Acaso se aparece una rama los domingos para tomar su cena semanal? Solo a riesgo de morir. La rama saludable nunca se suelta de la vid porque de ella recibe sus nutrientes veinticuatro horas al día.

Si hubiera seminarios para las ramas, el tema sería «Secretos para sostenernos de la vid». Pero las ramas no tienen seminarios porque para asistir a ellos tendrían que soltarse de la vid; algo que se niegan a hacer. La tarea primordial de la rama es aferrarse a la vid.

La tarea primordial del discípulo es la misma.

Como cristianos, tendemos a pasar esto por alto. Bromeamos sobre las promesas de «cambiar el mundo», «marcar una diferencia por Cristo», «llevar a la gente al Señor». Sin embargo, estos son productos derivados de una vida enfocada en Cristo. Nuestra meta no es dar fruto. Nuestra meta es mantenernos adheridos.

Quizás esta imagen te ayude. Cuando un padre dirige a su hijo de cuatro años por una calle congestionada, lo toma de la mano y le dice: «No me sueltes». No le dice: «Memorízate el mapa», ni «Trata de esquivar el tráfico», ni «Veamos si puedes encontrar el camino de regreso a la casa». El buen padre le da al hijo una responsabilidad: «Sostén mi mano».

Dios hace lo mismo con nosotros. No te sobrecargues con listas. No nutras tu ansiedad con el miedo de no cumplirlas. Tu meta no es conocer cada detalle del futuro. Tu meta es sostener la mano de Aquel que nunca jamás te la suelta.

Esta fue la decisión de Kent Brantly.

Brantly era un médico misionero en Liberia y estaba batallando con uno de los virus más crueles: ébola. La epidemia estaba matando a miles y miles de personas. Igual que todo el mundo, Brantly conocía las consecuencias de la enfermedad. Había tratado docenas de casos. Conocía los síntomas: fiebre alta, diarrea severa y náuseas. Había visto los resultados del virus y, por primera vez, estaba sintiendo los síntomas personalmente.

Sus colegas le habían tomado una muestra de sangre y la estaban analizando. No obstante, tomaría por lo menos tres días antes de conocer los resultados. El miércoles en la noche, el 23 de julio de 2014, el doctor Brantly se aisló en cuarentena en su casa y esperó. Su esposa y su familia estaban al otro lado del océano. Sus compañeros de trabajo no podían entrar en su residencia. Estaba solo, literalmente, con sus pensamientos. Brantly abrió su Biblia y meditó en un pasaje del libro de Hebreos. Luego escribió en su diario: «La promesa de entrar en su reposo sigue vigente, entonces no nos demos por vencidos. Esforcémonos, pues, por entrar en ese reposo».[1]

El doctor Brantly meditó en la palabra «esforcémonos». Él sabía que tendría que hacer justo eso. Luego dirigió su atención a otro versículo en el mismo capítulo de Hebreos: «Así que acerquémonos confiadamente al trono de la gracia para recibir misericordia y hallar la gracia que nos ayude en el momento que más la necesitemos».[2] Copió el versículo en su diario de oración y escribió «confiadamente» en cursivas.[3]

Cerró su diario y comenzó la espera. La incomodidad durante los tres días siguientes fue indescriptible. Los resultados de las pruebas confirmaron lo que temían: había contraído ébola.

Amber, la esposa de Kent, estaba en su ciudad natal, Abilene, Texas, cuando él la llamó el sábado siguiente en la tarde para comunicarle el diagnóstico. Ella y sus dos hijos estaban visitando a sus padres. Cuando el teléfono sonó, ella se apresuró a la habitación para tener algo de privacidad. Kent fue directo al grano. «Recibí los resultados. Es positivo».

Ella comenzó a llorar. Conversaron por unos momentos, pero Kent le dijo que estaba cansado y que pronto la llamaría otra vez.

Ahora era el turno de Amber de procesar las noticias. Sus padres se sentaron con ella al borde de la cama y lloraron juntos por varios minutos. Después de un rato, Amber se excusó y salió afuera de la casa. Caminó hasta un enorme árbol de mezquite y se sentó en una rama baja. Tuvo dificultad para encontrar las palabras para orar, así que usó la letra de himnos que había aprendido de niña.

Oh, Dios eterno, tu misericordia,
Ni una sombra de duda tendrá;
Tu compasión y bondad nunca fallan,
Y por los siglos el mismo serás.[4]

Las palabras animaron su espíritu, así que comenzó a cantar en voz alta otro himno que valoraba mucho.

Te necesito, sí, en mal o bien.
Conmigo a morar, oh pronto ven.
Señor, te necesito;
sí, te necesito.
Bendíceme, oh Cristo;
vendré a ti.[5]

Amber luego escribió: «Pensé que mi esposo iba a morir. Estaba sufriendo. Tenía miedo. Sin embargo, [mientras cantaba] estos himnos, pude conectarme con Dios de una forma significativa».[6]

Kent fue transportado de África a Atlanta. El personal a cargo de su cuidado se arriesgó a usar un tratamiento que no había sido probado antes. Poco a poco, mejoró su condición. En pocos días, comenzó a recuperar sus fuerzas. El mundo entero, al parecer, se regocijó cuando le dieron de alta del hospital, sanado de ébola.

También podemos aplaudir la victoria de Brantly sobre otra enfermedad, un virus que es igual de mortal y contagioso: la invisible epidemia de la ansiedad. Kent y Amber eran candidatos ideales para sentir pánico; no obstante, reaccionaron con la misma resolución que les permitió luchar contra el ébola. Se mantuvieron aferrados a la vid. Decidieron permanecer en Cristo. Kent abrió su Biblia. Amber meditó en los himnos. Llenaron su mente con la verdad de Dios.

Jesús nos enseñó a hacer lo mismo. Nos dice, sin tapujos: «No se preocupen por la vida diaria, si tendrán suficiente alimento y bebida, o suficiente ropa para vestirse» (Mateo 6.25, NTV).

Luego nos da dos instrucciones: «fíjense» y «observen». Nos dice: «Fíjense en las aves del cielo» (Mateo 6.26). Cuando lo hacemos, vemos lo felices que parecen estar. No tienen el ceño fruncido, ni están malhumorados o gruñones. Tampoco parecen estar faltos de sueño o solos. Las aves cantan, silban y vuelan muy alto. No obstante, «no siembran ni cosechan ni almacenan en graneros» (v. 26). No manejan tractores ni cosechan trigo; aun así, Jesús nos pregunta si parecen estar bien cuidadas.

Luego dirige nuestra atención a las flores del campo. «Observen cómo crecen los lirios» (v. 28). De igual modo, ellos no hacen nada. Aunque su vida es muy corta, Dios los viste para caminar en una alfombra roja. Ni aun Salomón, el rey más rico en la historia, «se vestía como uno de ellos» (v. 29).

¿Cómo desarmamos la ansiedad? Almacenamos en nuestra mente los pensamientos de Dios. Llegamos a la conclusión lógica: si las aves y las flores están bajo el cuidado de Dios, ¿acaso él no cuidará también de nosotros? Satura tu corazón con la bondad de Dios.

«Concentren su atención en las cosas de arriba, no en las de la tierra» (Colosenses 3.2).

¿Cómo puedes hacer esto?

Una amiga me describió recientemente su viaje de ida y vuelta al trabajo, que le toma noventa minutos a diario.

—¡Noventa minutos! —le dije con lástima.

—No te sientas mal por mí —me dijo con una sonrisa—. Uso el viaje para pensar en Dios.

Y entonces me describió cómo llena la hora y media con adoración y sermones. Ella escucha libros de la Biblia completos. Recita oraciones. Para cuando finalmente llega a su trabajo, está lista para el día. «Convierto mi viaje diario en mi capilla».

Haz algo similar. ¿Hay algún bloque de tiempo que podrías reclamar para Dios? Tal vez puedas apagar las noticias vespertinas y abrir tu Biblia. Pon el despertador para que suene quince minutos más temprano. O, en lugar de ver al comediante en la televisión hasta quedarte dormido, escucha la versión en audio de un libro cristiano. «Si se mantienen fieles a mis enseñanzas, serán realmente mis discípulos; y conocerán la verdad, y la verdad los hará libres» (Juan 8.31-32). Libres del miedo. Libres de la preocupación. Y, sí, libres de la ansiedad.

PARTE 4

HACEDOR DE MILAGROS

¿Crees en milagros? ¿Crees en interrupciones sobrenaturales? ¿Crees en intervenciones divinas? ¿Estás abierto a la idea de un Dios que, a veces y para sus propósitos, suspende las leyes naturales, enmienda la constitución del cosmos, dobla el arco de la historia y crea un suceso inesperado e inexplicable?

¿Crees en milagros divinos?

No en magia. No en prestidigitación. No en trucos o abracadabra. ¿Crees en sucesos sobrenaturalmente buenos, ordenados por Dios, decididos por Dios, dirigidos por Dios? No suerte. No fortuna. No bolas que rebotan hacia ti, ni dados que caen en siete, ni estrellas que se alinean en tu favor.

Te estoy preguntando sobre milagros: sucesos que te abren los ojos, que te dejan con la boca abierta, que desafían a la ciencia, que aumentan tu fe, que estremecen tu corazón, que honran a Dios, y que ningún profesor, predicador, físico o médico puede explicar.

¿Crees en milagros?

¿Deseamos creer, cierto? El paciente de cáncer desea creer. El padre desempleado desea creer. La mamá con el hijo descarriado desea creer. El agricultor con la cosecha afectada por la sequía desea creer. El médico extenuado en la Unidad de Cuidados Intensivos desea creer.

Todos queremos creer. En algún punto —en un mal momento— todos anhelamos una solución más allá de la esperanza, más allá de nuestros recursos personales; anhelamos a un ser que sea ilimitado y bondadoso. Un Dios que no se rija por las leyes naturales, que la fatiga no lo estorbe y cuyo amor por nosotros no tenga fin.

¿Acaso no deseamos liberarnos de las rígidas vías de tren de lo predecible, explicable, palpable, medible y tangible?

Anhelamos creer en milagros.

Pero vacilamos. Somos prudentes. Cautelosos. Los charlatanes y los vendedores ambulantes de aceite de serpiente trafican en este medio. ¿Qué tal si nos engañan? ¿Qué tal si la promesa de milagros es un fiasco en la senda de la desilusión?

Por otro lado, ¿qué tal si la promesa de milagros es cierta? ¿Qué tal si las historias bíblicas tienen credibilidad? Qué tal si los escritores de los evangelios no estuvieran bromeando cuando escribieron:

Su fama [la de Jesús] se extendió por toda Siria, y le llevaban todos los que padecían de diversas enfermedades, los que sufrían de dolores graves, los endemoniados, los epilépticos y los paralíticos, y él los sanaba. (Mateo 4.24)

Entonces, [Jesús] levantándose, reprendió a los vientos y al mar; y sobrevino gran calma. (Mateo 8.26, RVR)

Jesús se compadeció de ellos y les tocó los ojos. Al instante recobraron la vista y lo siguieron. (Mateo 20.34)

Vieron que Jesús se acercaba a la barca, caminando sobre el agua. (Juan 6.19)

Y quienes lo tocaban quedaban sanos. (Marcos 6.56)

Versículo tras versículo. Historia tras historia. Suceso tras suceso. Los milagros fueron tantos que si los hubieran transcritos en cada ocasión, «ni aun en el mundo cabrían los libros que se habrían de escribir» (Juan 21.25, RVR1960).

Los milagros de Jesús no fueron ocasionales; fueron constantes. No estuvieron al margen de su historia; fueron esenciales en ella. No fueron periféricos; fueron actividades vitales sobre las que se edificó la identidad misma de Jesús.

De hecho, uno de los argumentos más convincentes a favor de la veracidad de Cristo fue la *incapacidad* de sus adversarios para denunciar sus obras milagrosas. He aquí un ejemplo. Apenas cincuenta días después de la resurrección de Jesús, un apóstol Pedro envalentonado comenzó su mensaje ante una multitud de varios miles de personas en el centro de Jerusalén diciendo: «Pueblo de Israel, escuchen esto: Jesús de Nazaret fue un hombre acreditado por Dios ante ustedes con milagros, señales y prodigios, los cuales realizó Dios entre ustedes por medio de él, como bien lo saben» (Hechos 2.22).

Me gusta pensar que el pescador convertido en predicador pausó después de esa declaración, para que sus palabras hicieran eco por toda Jerusalén. «Como bien lo saben... ¡saben!... ¡saben!...». ¿Pausó a propósito, esperando que alguien —solo una voz— gritara en desacuerdo? ¿Invitó a la oposición para que reaccionara?

«Espera un minuto. ¡*No* sabemos! ¡No vimos nada! ¡No fuimos testigos de milagros, maravillas ni señales!».

Pero no hubo oposición. No hubo protesta. No hubo voces de contradicción. Sin embargo, lo que sí hubo fueron cabezas que asentían, un murmullo de afirmación entre la multitud. Muchas personas no solo habían visto los milagros; habían sido bendecidas por ellos.

¿Acaso no podemos suponer que algunas de las personas en la audiencia de Jerusalén estaban mirando a Pedro con ojos que una vez estuvieron ciegos? ¿Que estaban paradas sobre piernas que una vez estuvieron paralíticas? ¿Que levantaron manos que, antes de Cristo, estuvieron desfiguradas y marcadas por la lepra?

Ningún adversario contradijo el reclamo de Pedro porque ninguno podía hacerlo. La razón por la que tres mil personas respondieron cuando Pedro hizo el llamado al altar (Hechos 2.38-41) no fue porque su sermón haya sido elocuente, sino porque el ministerio de Jesús fue muy poderoso. Había casos prácticos regados por toda la audiencia.

¿Estarías abierto a la idea de un Cristo hacedor de milagros? Un milagro es una obra de Dios forjada por Dios para un propósito divino. Los milagros son toquecitos de hombro de Dios, susurros (no sirenas) que nos recuerdan: *No estás solo. Sigo en control. Mi plan se cumplirá.*

Los milagros nos recuerdan que esta vida es mucho más que lo que está a simple vista.

Los milagros son «señales... para que ustedes crean que Jesús es el Cristo, el Hijo de Dios, y para que al creer en su nombre tengan vida» (Juan 20.30-31).

Capítulo 13

El viento y el mar
le obedecen

Jesús y los discípulos estaban en una barca, cruzando el mar de Galilea. De pronto, se desató una tormenta y lo que estaba tranquilo, ahora se agitó. Se levantaron unas olas enormes y azotaron la barca. Marcos lo describe claramente: «Se desató entonces una fuerte tormenta, y las olas azotaban la barca, tanto que ya comenzaba a inundarse» (Marcos 4.37).

Imagínate que estás en la barca. Es una embarcación resistente, pero no puede competir contra olas de diez pies de altura. Se precipita de nariz contra una pared de agua. La fuerza de las olas ladea peligrosamente la barca, hasta que la proa parece estar apuntando directamente al cielo, y justo cuando temes que se va a voltear hacia atrás, la barca se estrella contra la cresta de otra ola. Una docena de manos se une a las tuyas para sostener el mástil. Todos los tripulantes tienen el pelo empapado y los ojos bien abiertos. Estás tratando de escuchar alguna palabra de aliento, pero todo lo que oyes son gritos y oraciones. De pronto te das cuenta: falta alguien. ¿Dónde está Jesús? No está en el mástil. No está aguantándose del borde. ¿Dónde está? Entonces escuchas algo... un ruido, un sonido fuera de sitio... como si alguien estuviera roncando. Te volteas y miras a tu alrededor, y allí acurrucado en la popa del barco está Jesús... ¡durmiendo!

No sabes si sorprenderte o enojarte, así que haces las dos cosas. ¿Cómo es que puede dormir en un momento como este? O, como preguntaron los discípulos: «¿No te importa que nos ahoguemos?» (Marcos 4.38).

Si tienes hijos adolescentes, te han hecho preguntas similares. La vez en que te negaste a hipotecar tu casa para que tu hija pudiera comprar el último estilo de zapatillas deportivas, ella te preguntó: «¿No te importa si luzco fuera de moda?».

Cuando insististe en que tu hijo se perdiera el partido del fin de semana y asistiera a la celebración del aniversario de oro de sus abuelos, él te preguntó: «¿Acaso te importa el que tenga una vida social?».

Cuando limitaste los agujeros en las orejas a uno por lóbulo, la acusación llegó levemente disimulada como una pregunta: «¿Acaso te importa que otros me acepten?».

¿Les importan los hijos a los padres? Seguro que sí. Es simplemente que ellos tienen una perspectiva distinta. Lo que el adolescente ve como una tormenta, papá y mamá lo ven como un aguacero de primavera. Ellos han vivido lo suficiente para saber que estas cosas pasan.

Igual con Jesús. La misma tormenta que hizo que los discípulos se llenaran de pánico, a él solo lo mareó. Lo que puso miedo en sus ojos, a él lo puso a dormir. La barca era una tumba para los discípulos, y una cuna para Cristo. ¿Cómo pudo dormir en medio de la tormenta? Sencillo, él la controlaba.

Lo mismo ocurre contigo y el televisor. ¿Te has quedado dormido alguna vez con el televisor encendido? Claro que sí. Ahora bien, coloca ese mismo televisor en la choza de un indio amazónico primitivo que nunca ha visto uno, y créeme, no se va a dormir. ¡Quién podría dormirse ante la presencia de una caja que habla! Hasta donde él sabe, esas personitas detrás del cristal pueden salirse de la caja y perseguirlo. De ninguna manera se quedará dormido. Ni tampoco te dejará dormir a ti. Si comienzas a cabecear, te despertará. «¿No te importa que estemos a punto de ser masacrados?». En lugar de discutir con él, ¿qué haces? Simplemente apuntas al televisor con el control remoto y lo apagas.

Jesús ni siquiera necesitaba un control remoto. «Él se levantó, reprendió al viento y ordenó al mar: "¡Silencio! ¡Cálmate!" El viento se calmó y todo quedó completamente tranquilo. "¿Por qué tienen tanto miedo? —dijo a sus discípulos—. "¿Todavía no tienen fe?"» (Marcos 4.39-40).

Increíble. Él no repitió un mantra ni movió una varita mágica. No llamó a los ángeles; no le hacía falta ayuda. Las aguas embravecidas se convirtieron en un mar tranquilo, instantáneamente. Calma inmediata. Ni siquiera una ola pequeña. Ni una gota. Ni una ráfaga. En un momento, el mar pasó de ser un torrente agitado a ser una charca tranquila. ¿La reacción de los discípulos? Lee el versículo 41: «Ellos estaban espantados y se decían unos a otros: "¿Quién es este, que hasta el viento y el mar le obedecen?"».

Nunca habían conocido a un hombre como este. Las olas eran sus subordinados y los vientos sus sirvientes. Y esto fue solo el comienzo de lo que verían sus compañeros marítimos. Antes de que terminara, verían a unos peces saltar en una barca, a unos demonios meterse en unos cerdos, a cojos convertirse en bailarines y a cadáveres convertirse en personas vivas y respirando. «Les da órdenes incluso a los espíritus malignos, y le obedecen» (Marcos 1.27).

¿Es de extrañar entonces que los discípulos estuvieran dispuestos a morir por Jesús? Nunca habían visto tanto poder; nunca habían visto tanta gloria. Era como si, bueno, como si todo el universo fuera su reino. No hubieras tenido que explicarles este versículo; sabían lo que significaba: «Tuyo es el reino, y el poder, y la gloria, por todos los siglos» (Mateo 6.13, RVR1960).

Pedro experimentó, de primera mano, el poder milagroso de Cristo. En otra tormenta, cuando la barca de los discípulos parecía que iba a zozobrar, Jesús llegó hasta ellos caminando sobre el agua. La respuesta de Pedro fue: «Señor, si eres tú, manda que yo vaya a ti sobre las aguas. Y él dijo: Ven. Y descendiendo Pedro de la barca, andaba sobre las aguas, para ir a Jesús» (Mateo 14.28-29, RVR).

Si el mar hubiera estado tranquilo, Pedro nunca habría hecho esta petición. Si Cristo hubiera caminado sobre un lago que luciera como un espejo, Pedro habría aplaudido, pero dudo que hubiera salido de la barca. Las tormentas nos impulsan a tomar caminos sin precedentes. Durante unos pocos pasos históricos y unos momentos que detuvieron su corazón, Pedro hizo lo imposible. Desafió todas las leyes naturales y de la gravedad; Pedro «se puso a caminar sobre las aguas, para ir hacia Jesús».

Mis editores no hubieran tolerado tal brevedad. Habrían llenado el margen con tinta roja: «¡Elabora! ¿Cuánto tiempo le tomó a Pedro salir de la barca? ¿Qué estaban haciendo los otros discípulos? ¿Cuál era la expresión de su rostro? ¿Se paró sobre algún pez?».

Mateo no tenía tiempo para preguntas como esas. Él nos lleva rápidamente al mensaje principal del suceso: hacia dónde mirar en una tormenta. «Pero al ver [Pedro] el fuerte viento, tuvo miedo; y comenzando a hundirse, dio voces, diciendo: ¡Señor, sálvame!» (v. 30, RVR). Una pared de agua eclipsó su vista. Una ráfaga de viento produjo un fuerte crujido y arrancó el mástil. El resplandor de un rayo iluminó el lago, que parecía que se había convertido en montañas de agua. Pedro desvió su atención de Jesús y la centró en la borrasca, y cuando lo hizo, se hundió como un ladrillo en un estanque. Si prestas más atención a las aguas tormentosas que al que camina sobre ellas, prepárate para que te pase lo mismo.

No podemos escoger si las tormentas llegan o no. Pero sí podemos escoger lo que miramos durante una tormenta. Descubrí un ejemplo directo de esta verdad mientras esperaba en la oficina de mi cardiólogo. Mi ritmo cardíaco iba a la velocidad de una carrera de NASCAR y de un mensaje en código morse. Así que fui a un especialista. Después de revisar mis pruebas y hacerme algunas preguntas, el médico asintió con la cabeza y me pidió esperar por él en su oficina.

Cuando niño, no me gustaba que me enviaran a la oficina del director. Como paciente, no me gustó que me enviaran a la oficina del médico. Pero fui, me senté, y de inmediato me fijé en la abundante cosecha de diplomas del médico. Estaban por todas partes, y eran de todas partes. Un grado de una universidad. Otro grado de su residencia. El tercer grado de su esposa. (Estoy haciendo una pausa aquí para ver si entendiste la broma...). Mientras más miraba sus logros, mejor me sentía. *Estoy en buenas manos.*

Justo cuando me estaba recostando en la silla para relajarme, su enfermera entró con una hoja de papel. «El doctor estará con usted pronto», me explicó. «Mientras tanto, quiere que vaya familiarizándose con esta información. Aquí se resume su disfunción cardiaca». Desvié mi vista de los diplomas hacia el resumen de la enfermedad. Mientras leía, los vientos contrarios comenzaron a soplar. Palabras desagradables como *fibrilación arterial*, *arritmia*, *embolia* y *coágulo sanguíneo* causaron que me hundiera en mi propio mar de Galilea.

¿Qué pasó con mi paz? Un momento atrás, me estaba sintiendo mucho mejor. Así que cambié la estrategia. Contrarresté el diagnóstico con los diplomas. Entre los párrafos de malas noticias, miré a la pared como un recordatorio de las buenas.

Es lo que Dios quiere que hagamos. Su llamado a ser valientes no es un llamado a ser ingenuos o ignorantes. No es que estemos ajenos a los retos abrumadores que nos presenta la vida. Se supone que los contrarrestemos con largas miradas a los logros de Dios. «Por eso es necesario que *prestemos más atención* a lo que hemos oído, no sea que perdamos el rumbo» (Hebreos 2.1). Haz lo que sea necesario para mantener tu vista en Jesús.

Cuando una amiga pasó varios días en el hospital junto a la cama de su esposo, se apoyó en algunos himnos para mantener su espíritu en alto. Cada vez que pasaban algunos minutos, entraba al baño y cantaba algunas líneas de «Grande es tu fidelidad». ¡Haz lo mismo! Memoriza algunos versículos. Lee biografías de personas excepcionales. Reflexiona en los testimonios de cristianos fieles. Toma la decisión intencional de mantener tu esperanza en Jesús. El valor es siempre una posibilidad.

Alimenta tus miedos y tu fe morirá de hambre.

Alimenta tu fe y morirán tus miedos.

Después de revolcarse en el agua por unos momentos, Pedro volvió su atención otra vez hacia Cristo y rogó: «"¡Señor, sálvame!"». En seguida Jesús le tendió la mano y, sujetándolo, lo reprendió: "¡Hombre de poca fe! ¿Por qué dudaste?". Cuando subieron a la barca, se calmó el viento» (Mateo 14.30-32).

Jesús pudo haber calmado la tormenta horas antes. Pero no lo hizo. Quería enseñarles una lección a los discípulos. Jesús pudo haber calmado tu tormenta también. Pero no lo ha hecho. ¿Acaso desea también enseñarte una lección? ¿Será que la lección se lee algo parecido a esto: «Las tormentas no son opcionales, pero el miedo sí lo es»?

Dios ha colgado sus diplomas en el universo. Arco iris, atardeceres, horizontes y cielos adornados con estrellas. Ha registrado sus logros en las Escrituras. Y no estamos hablando de seis mil horas de tiempo de vuelo. Su currículo incluye: división del Mar Rojo, cerrar la boca de leones, tirar al suelo a Goliat, resucitar a Lázaro, calmar tormentas y pasearse entre ellas.

Su lección es clara. Él es el comandante de cada tormenta. ¿Tienes miedo en la tuya? Entonces, míralo a él.

Capítulo 14

Tu fe te ha sanado

No conocemos su nombre, pero conocemos su situación. Su mundo era negro como la medianoche. Negro, al nivel de caminar a tientas por la vida tratando de encontrar ayuda. Lee estos tres versículos para que entiendas a qué me refiero:

> Jesús se fue con él, y lo seguía una gran multitud, la cual lo apretujaba. Había entre la gente una mujer que hacía doce años que padecía de hemorragias. Había sufrido mucho a manos de varios médicos, y se había gastado todo lo que tenía sin que le hubiera servido de nada, pues en vez de mejorar, iba de mal en peor. (Marcos 5.24-26)

Ella era una caña cascada: «hacía doce años que padecía de hemorragias», «había sufrido mucho», «se había gastado todo lo que tenía» e «iba de mal en peor». Estaba extenuada físicamente y marginada socialmente. Se levantaba todos los días en un cuerpo que nadie quería. Solo le quedaba una última oración. Y el día en que la encontramos, estaba a punto de orarla.

Cuando logra llegar hasta Jesús, ya la multitud lo había rodeado. Él está en camino a ayudar a la hija de Jairo, uno de los hombres más importantes en la comunidad. ¿Cuáles son las probabilidades de que interrumpa una misión urgente con un oficial importante para ayudar a una mujer como ella? Aun así, se arriesga.

«Pensaba: "Si logro tocar siquiera su ropa, quedaré sana"» (v. 28).

Una decisión arriesgada. Para tocarlo tendrá que rozar a la gente entre la multitud. Si alguien la reconoce... bienvenidos los reproches, adiós a la sanidad. Pero ¿qué alternativa tiene? No tiene dinero, no tiene influencia, no tiene amigos ni soluciones. Todo lo que tiene es esta loca corazonada de que Jesús puede ayudarla y mucha esperanza de que lo hará.

Quizás sea todo lo que tienes: una loca corazonada y mucha esperanza. No tienes nada que dar. Pero estás sufriendo. Y todo lo que puedes ofrecerle es tu dolor.

Tal vez sea lo que ha impedido que te acerques a Dios. O, has dado uno o dos pasos en su dirección. Pero entonces, observaste a la gente a su alrededor. Todo el mundo lucía tan limpio, tan pulcro, en forma y esbelto en su fe. Y cuando los viste, bloquearon tu vista de Jesús. Así que retrocediste.

Si esto te describe, nota cuidadosamente que solo una persona fue elogiada aquel día por tener fe. No fue un donante rico. No fue un seguidor fiel. Fue una marginada, sin un centavo y llena de vergüenza que se aferró a su corazonada de que Jesús la podía ayudar y su esperanza de que lo haría.

Y, a propósito, esta no es una mala definición de fe: *una convicción de que él puede y una esperanza de que lo hará*. Suena muy parecido a la definición de fe que nos da la Biblia: «Sin fe es imposible agradar a Dios, ya que cualquiera que se acerca a Dios tiene que creer que él existe y que recompensa a quienes lo buscan» (Hebreos 11.6).

Una mujer rica jamás habría apreciado el poder de un toque del dobladillo de su manto. Pero esta mujer estaba enferma, y cuando su dilema se encontró con su empeño, ocurrió un milagro. Su papel en la sanidad fue muy pequeño. Todo lo que hizo fue extender su brazo a través de la multitud.

«Si tan solo lograrla tocarlo».

Lo importante no es la forma del esfuerzo, sino el hecho de hacer el esfuerzo. La realidad es que ella sí hizo algo. Se negó a aceptar su enfermedad un día más y decidió tomar acción al respecto.

La sanidad comienza cuando hacemos algo. La sanidad comienza cuando extendemos los brazos. La sanidad comienza cuando damos un paso de fe.

La ayuda de Dios está cerca y siempre está disponible, pero la reciben solo quienes la buscan. La gran obra en esta historia es que ocurrió una sanidad poderosa. Pero la gran verdad es que la sanidad comenzó con su toque. Y con ese gesto pequeño y valiente, ella experimentó el tierno poder de Jesús. «Jesús se dio vuelta, la vio y le dijo: "¡Ánimo, hija! Tu fe te ha sanado". Y la mujer quedó sana en aquel momento» (Mateo 9.22).

Si te falta fe, pero necesitas el poder sanador de Cristo, tal vez puedas apoyarte en la fe de un amigo. Este es el tipo de fe que Jesús vio cuando bajaron a un hombre a través de un hueco en el techo donde él estaba enseñando un día (Marcos 2.1-12).

Si nació paralítico o quedó paralítico, no lo sabemos, pero el resultado fue el mismo: una dependencia total en otras personas. Alguien tenía que lavarle la cara y bañarlo. No podía soplarse la nariz ni salir a caminar.

Cuando la gente lo miraba, no veían al hombre; veían un cuerpo que necesitaba un milagro. Eso no era lo que Jesús veía, pero era lo que la gente veía. Y, sin duda, lo que sus amigos veían. Así que hicieron lo que cualquiera de nosotros haría por un amigo. Trataron de conseguirle algo de ayuda.

El rumor era que un carpintero —transformado en maestro, transformado en hacedor de milagros— estaba en la ciudad. Para cuando sus amigos llegaron al lugar, la casa estaba llena. Había gente aglomerada contra las puertas. Niños sentados en las ventanas. Otros trataban de alcanzar a ver por encima del hombro. ¿Cómo podría un pequeño grupo de amigos llamar la atención de Jesús? Tenían que tomar una decisión: ¿entramos o nos damos por vencidos?

¿Qué habría ocurrido si los amigos hubieran perdido la fe? ¿Qué tal si se hubieran encogido de hombros, comentado que la multitud era muy grande y la cena se les estaba enfriando, y hubieran dado media vuelta y se hubieran ido? Después de todo, ya habían hecho una buena obra llegando tan lejos. ¿Quién los culparía por regresarse? Lo que puedes hacer por alguien tiene un límite. Pero estos amigos no habían hecho lo suficiente.

Uno dijo que tenía una idea. Los cuatro se juntaron sobre el paralítico y discutieron el plan de subirse al techo de la casa, hacer una abertura y bajar a su amigo con sus cintos.

Era arriesgado... ellos se podían caer. Era peligroso... él se podía caer. Era poco ortodoxo... abrir el techo era antisocial. Era indiscreto... Jesús estaba ocupado. Pero era la única oportunidad que tenían para ver a Jesús. Así que se subieron al techo.

La fe hace esas cosas. La fe hace lo inesperado. Y la fe capta la atención de Dios. Mira lo que dice Marcos: «Al ver Jesús la fe de ellos, le dijo al paralítico: "Hijo, tus pecados quedan perdonados"» (Marcos 2.5).

Finalmente, ¡alguien le había tomado la palabra a Jesús! Cuatro hombres tuvieron la suficiente esperanza en él y el suficiente amor por su amigo que se arriesgaron. La camilla arriba era una señal desde arriba... ¡alguien cree! Alguien estaba dispuesto a pasar una vergüenza y a lastimarse solo por unos pocos momentos con el galileo.

La escena de fe conmovió a Jesús.

La petición de los amigos era válida... pero tímida. Las expectativas de la multitud eran altas... pero no lo suficientemente altas. Esperaban que Jesús dijera: «Te sano». En cambio, él dijo: «Te perdono».

Ellos esperaban que Jesús tratara el cuerpo, porque eso era lo que ellos veían.

Él decidió no solo tratar el cuerpo, sino también el espíritu, porque eso era lo que él veía.

Ellos querían que Jesús le diera un cuerpo nuevo a su amigo para que pudiera caminar. Jesús le dio gracia para que pudiera vivir. «Todos quedaron asombrados y ellos también alababan a Dios» (Lucas 5.26).

Dos cuadros de fe que produjeron milagros: una mujer que estiró su brazo. Unos amigos que se acercaron. Jesús respondió en ambos casos. Hizo lo imposible por ellos. Él hará lo mismo por ti.

Capítulo 15

Lo maravilloso de la adoración

Salió Jesús de allí y llegó a orillas del mar de Galilea. Luego subió a la montaña y se sentó. Se le acercaron grandes multitudes que llevaban cojos, ciegos, lisiados, mudos y muchos enfermos más, y los pusieron a sus pies; y él los sanó. La gente se asombraba al ver a los mudos hablar, a los lisiados recobrar la salud, a los cojos andar y a los ciegos ver. Y alababan al Dios de Israel. (Mateo 15.29-31)

En muchas ocasiones he deseado que los escritores del Nuevo Testamento hubieran sido un poco más descriptivos. Este es uno de esos casos. «Y él los sanó» es una frase demasiado resumida para describir lo que debe haber sido un espectáculo impresionante.

Deja volar tu imaginación. ¿Puedes ver la escena?

¿Puedes visualizar al esposo ciego viendo a su esposa por primera vez? ¿Sus ojos posados en los ojos llenos de lágrimas de ella como si fuera la reina de la mañana?

Imagínate al hombre que nunca había caminado ¡ahora andando! ¿Sabes que no quería sentarse? ¿Sabes que corrió y saltó, y hasta bailó con los chicos?

Y esto fue así durante tres días. Persona tras persona. Alfombra tras alfombra. Muleta tras muleta. Sonrisa tras sonrisa. No hay registro de que Jesús haya predicado, enseñado, adiestrado o desafiado. Solo sanó.

Entonces Mateo, aun el gran economizador de palabras, nos da otra frase que me hubiera gustado que elaborara más: «Y alababan al Dios de Israel».

Me pregunto cómo lo hicieron. Me parece más fácil imaginarme lo que no hicieron que lo que hicieron. Estoy seguro de que no formaron un comité de alabanza. Estoy seguro de que no hicieron túnicas. Estoy seguro de que no se sentaron en filas para mirar la parte de atrás de las cabezas de los de la fila de adelante.

Dudo seriamente que hayan escrito un credo sobre cómo debían alabar a este Jesús al que nunca antes habían adorado. No me los imagino discutiendo sobre tecnicismos. Y dudo que hayan sentido que tenían que adorar bajo techo.

Y sé que no esperaron hasta el día de reposo para hacerlo. Con toda probabilidad simplemente lo hicieron. Cada uno, a su manera y de corazón, adoró a Jesús. Quizás algunos se acercaron a Jesús y se arrodillaron a sus pies. Otros tal vez gritaron su nombre. Unos pocos a lo mejor solo subieron al monte, miraron al cielo y sonrieron.

Puedo imaginarme a una mamá y a un papá de pie y en silencio ante el Sanador mientras sostenían en sus brazos a su bebé recién sanado.

Puedo visualizar a un leproso mirando extasiado a Aquel que lo había liberado de su terror.

Puedo imaginarme a una multitud de personas empujando y tratando de abrirse camino a codazos para acercarse lo más posible a él. No para pedir nada, sino solo para decir «gracias».

Tal vez algunos trataron de pagarle a Jesús, pero ¿qué suma hubiera sido suficiente?

Quizás algunos quisieron devolver el favor con otro, pero ¿qué podría regalarle alguien para expresarle su gratitud?

Lo único que el pueblo podía hacer fue lo que Mateo dice que hicieron: «Alababan al Dios de Israel».

Como sea que lo hayan hecho, lo hicieron. Y Jesús se conmovió; se conmovió tanto que insistió en que se quedaran a comer antes de irse.

Sin usar la palabra *adoración*, este pasaje en Mateo 15 la define.

Adoración es cuando eres consciente que lo que has recibido es mucho más grande que lo que puedes dar. Adoración es percatarnos de que, si no fuera por su toque, aún estaríamos cojeando y sufriendo, amargados y derrotados. Adoración es la mirada semividriosa en el rostro deshidratado de un peregrino en el desierto al descubrir que el oasis no es un espejismo.

La adoración es el «gracias» que se niega a quedarse en silencio.

Hemos tratado de hacer de la adoración una ciencia. No podemos hacerlo. De la misma manera en que tampoco podemos «vender el amor» o «negociar la paz».

La adoración es un acto voluntario de gratitud que el salvado le ofrece al Salvador; es el tipo de gratitud demostrada en el corazón del hombre que nació ciego.

Juan nos lo presenta con estas palabras: «A su paso, Jesús vio a un hombre que era ciego de nacimiento» (Juan 9.1). Este hombre nunca había visto un amanecer. No podía diferenciar el púrpura del rosado. Los discípulos le echaron la culpa al árbol genealógico. «Rabí, para que este hombre haya nacido ciego, ¿quién pecó, él o sus padres?» (v. 2).

«Ninguno», responde el Dios-hombre. Rastrea el origen de esta condición en el cielo. ¿La razón por la que el hombre nació ciego? Sucedió «para que la obra de Dios se hiciera evidente en su vida» (v. 3).

Este sí que es un rol ingrato. Elegido para sufrir. Algunos cantan para la gloria de Dios. Otros enseñan para la gloria de Dios. ¿Quién quiere ser ciego para la gloria de Dios? ¿Qué es más difícil: padecer la condición o descubrir que fue idea de Dios?

La cura resulta ser tan inesperada como la causa. «[Jesús] escupió en tierra, e hizo lodo con la saliva, y untó con el lodo los ojos del ciego» (v. 6, RVR1960).

El mundo está repleto de pinturas de Jesús: en los brazos de María, en el huerto de Getsemaní, en el aposento alto, en el oscuro sepulcro. Jesús tocando. Jesús llorando, riéndose, enseñando... Pero nunca he visto una pintura de Jesús escupiendo.

Cristo relamiendo sus labios un par de veces, acumulando saliva en la boca y soltándola. Directo al suelo. (Chicos, la próxima vez que su mamá les diga que no escupan, muéstrenle este versículo). Luego se agacha, hace un charco de... no sé, ¿cómo lo llamarías? ¿Masilla santa? ¿Terapia de baba? ¿Solución de saliva? Cualquiera que sea el nombre, pone un poco en la palma de su mano y luego, con la misma calma que un pintor rellena con masilla un hueco en la pared, Jesús unta los ojos con el lodo milagroso. «Ve y lávate en el estanque de Siloé (que significa: Enviado)» (v. 7).

El mendigo va tocando aquí y allá hasta llegar al estanque, salpica agua en su rostro lleno de lodo y se limpia el lodo. El resultado es el primer capítulo de Génesis solo para él. Luz donde había tinieblas. El enfoque de ojos vírgenes, las figuras vagas se convierten en seres humanos, y Juan recibe el Premio Descripción Insuficiente de la Biblia cuando escribe: «Y al volver ya veía» (v. 7).

¿En serio, Juan? ¿Te estás quedando sin verbos? ¿Qué tal «Salió *corriendo* porque ya veía»? ¿«Comenzó a *bailar* porque ya veía»? ¿«Empezó a brincar y a gritar, y a besar a todo el que estaba cerca porque —por primera vez— podía ver»? El tipo tenía que estar emocionado.

Nos encantaría dejarlo de esa manera, pero si la vida de este hombre fuera una fila en la cafetería, simplemente podría haberse movido del filete a la col de Bruselas hervida. Mira la reacción de los vecinos: «Los que lo habían visto pedir limosna decían: "¿No es este el que se sienta a mendigar?". Unos aseguraban: "Sí, es él". Otros decían: "No es él, sino que se le parece". Pero él insistía: "Soy yo"» (vv. 8-9).

Esta gente no celebra, ¡ellos discuten! Habían visto a este hombre ir a tientas y tropezar desde que era niño (v. 20). Pensarías que se alegrarían. Pero no es así. Los fariseos lo llaman hereje y lo expulsan de la sinagoga.

«Cuando Jesús supo lo que había pasado, encontró al hombre» (v. 35, NTV). En caso de que el nacimiento en el establo no fuera suficiente, por si tres décadas caminando en la tierra y haciendo milagros no bastaban, por si acaso hubiera alguna duda sobre la absoluta devoción de Dios, él hace cosas como estas. Sale a buscar a un indigente en problemas.

El mendigo levanta sus ojos para mirar el rostro de Aquel que había empezado todo esto. Jesús tenía una pregunta más para él:

—¿Crees en el Hijo del hombre?

—¿Quién es, Señor? Dímelo, para que crea en él.

—Pues ya lo has visto —le contestó Jesús—; es el que está hablando contigo.

—Creo, Señor —declaró el hombre (vv. 35-38).

Juan describe la acción final del hombre que una vez había sido ciego, y es la única respuesta posible cuando te das cuenta de que no estás mirando la cara de un hombre, sino el rostro de Dios mismo: «Y, postrándose, lo adoró» (v. 38).

¿Sabías que se postró? ¿Crees que haya llorado? ¿Y cómo podría abstenerse de abrazar la cintura de Aquel que le había dado la vista? Él lo adoró.

Y, un día, cuando seamos sanados completamente y nos paremos cara a cara ante nuestro Salvador, haremos lo mismo. Lo adoraremos.

PARTE 5

CORDERO DE DIOS

Nadie tiene que rendir cuentas por lo que piensa mientras está sobre una mesa de operaciones. La misma regla aplica a las oficinas de dentista o las salas de parto. Cuando alguien te mete una aguja en el brazo, unos dedos en la boca o un bisturí en la piel, nadie penaliza al paciente por sus extrañas fantasías.

Por lo menos, así justifico yo las mías. En cuanto a las cirugías, esto era sencillo. Sin embargo, en mi opinión, ninguna cirugía que incluya la palabra *cáncer* es sencilla. Y como tengo en el rostro pequeñas concentraciones de células cancerosas, he tenido que pasar algo de tiempo acostado en la mesa de un médico que se especializa en extraerlas.

Él tiene una voz suave, como la de un locutor de radio a la medianoche, y le gusta tranquilizarme diciéndome que mi cáncer no es serio. Mientras corta en el área de mi sien, dice: «Cuando de cáncer se trata, tienes el mejor de todos». Perdóname por no brincar de alegría. Y perdona mi pensamiento de mal gusto. Pero durante la segunda cirugía, y después del cuarto o quinto recordatorio sobre mi buen cáncer, esto fue lo que pensé —no lo dije—, pero lo pensé: *¿Entonces por qué no tomas mi cáncer? En vez de* *extraerlo, tómalo. Intercambiemos lugares. Tú tomas mi cáncer y yo tomo tu cuchilla.*

Por supuesto, no pronuncié estas palabras. Aun en mi estado inducido por fármacos, sabía que no era correcto. No se permiten ese tipo de transacciones. No puedes llevarte mi enfermedad. Tampoco puedo tomar la tuya. Puedes darme tu carro o contagiarme tu gripe, ¿pero tu cáncer? No es transferible.

Si tienes cáncer en tu cuerpo, tienes que lidiar con él.

Sin embargo, si tienes cáncer en tu alma, Cristo lo llevará por ti. No solo lo llevará. No, él te lo quitará.

Los teólogos llaman a este acto «expiación por sustitución». Un término más sencillo sería «amor santo».

Para entender el amor santo, vayamos al huerto de Getsemaní. ¿Te sorprende? ¿Pensabas que iríamos a la cruz? Así será. La cruz es donde vemos la sustitución, pero el huerto es donde la sentimos.

Entonces Jesús fue con ellos al huerto de olivos llamado Getsemaní y dijo: «Siéntense aquí mientras voy allí para orar». Se llevó a Pedro y a los hijos de Zebedeo, Santiago y Juan, y comenzó a afligirse y angustiarse. Les dijo: «Mi alma está destrozada de tanta tristeza, hasta el punto de la muerte. Quédense aquí y velen conmigo».

Él se adelantó un poco más y se inclinó rostro en tierra mientras oraba: «¡Padre mío! Si es posible, que pase de mí esta copa de sufrimiento. Sin embargo, quiero que se haga tu voluntad, no la mía». (Mateo 26.36-39, NTV)

Nunca hemos visto a Cristo así. No hemos escuchado esos gemidos en su voz ni hemos visto ese horror en sus ojos. Y nunca antes nos había dicho: «Mi alma está destrozada de tanta tristeza, hasta el punto de la muerte».

¿Cómo se explica una emoción como esta? ¿A qué le tenía miedo Jesús?

Cristo le temía a la copa de sufrimiento. La *copa*, en la terminología bíblica, es más que un utensilio para tomar. La *copa* equivale a la ira, el juicio y el castigo de Dios. Cuando Dios tuvo piedad de la Jerusalén apóstata, dijo: «Te he quitado de la mano la copa que te hacía tambalear [...] el cáliz de mi furia» (Isaías 51.22). Según Juan, aquellos que descartan a Dios «tendrá[n] que beber el vino de la ira de Dios, que se ha servido sin diluir en la copa del furor de Dios. Ellos serán atormentados con fuego y azufre ardiente en presencia de los ángeles santos y del Cordero» (Apocalipsis 14.10, NTV).

La *copa* equivale a la ira de Dios. Específicamente, su ira hacia nuestra rebelión. Hemos ignorado su Palabra, violado sus valores. Lo hemos descartado. Y él está enojado.

Muchos tienen problema con la idea de esta ira. «¿Por qué tanto escándalo por unos pocos errores?», se preguntan algunos. «Todo el mundo mete la pata, en un momento u otro». Esto es, todo el mundo, excepto Dios. Él es santo. Su santidad no puede pasar por alto la rebelión.

Él siente lo mismo hacia nuestro pecado que lo que muchos de nosotros sentimos hacia los vándalos que violentaron nuestro templo. Unos malandrines allanaron nuestro santuario. No robaron nada. No se llevaron nada. Su intención no era robar; su intención era denigrar. Subieron las escaleras hasta el bautisterio, escribieron obscenidades en la pared y orinaron sobre las toallas.

Mi reacción ante sus acciones fue la misma que la tuya: repugnancia, coraje, incredulidad. ¿Acaso no tienen reverencia? El bautisterio es un lugar sagrado. El cuarto es un lugar bendecido. ¿Cómo alguien se atreve a tomar algo santo y usarlo para una vulgaridad?

¿Cuántas veces el cielo ha hecho la misma pregunta sobre nosotros? ¿No son santos nuestros cuerpos? Mucho más que un bautisterio creado por hombres, somos templos creados por Dios. «¿Acaso no saben que su cuerpo es templo del Espíritu Santo?» (1 Corintios 6.19). Nuestras lenguas, nuestras manos, nuestros cerebros son la morada y los instrumentos de Dios. Sin embargo, cuando uso esta lengua para lastimar, estas manos para herir, este cerebro para mi gloria y no la del Señor, ¿acaso no estoy vandalizando el templo de Dios?

Lo que tú y yo sentimos hacia los vándalos es lo que Dios siente hacia nosotros. Y, esto es preocupante, lo que merecen esos vándalos es lo que nosotros merecemos: castigo. Mi reacción fue: «Enciérrenlos en la cárcel. Que paguen el precio».

Nunca consideré disfrazarme como ellos, pararme frente a la congregación y decir: «Soy el culpable. Castíguenme por mis acciones».

Esos pensamientos nunca cruzaron mi mente. Pero sí cruzaron la mente de Dios. Porque Dios no es solo santo; él también es amor. Y el amor santo encuentra una forma para castigar el pecado, pero amar al sinvergüenza.

En el huerto de Getsemaní, Jesús decidió hacer justo eso. Imagínatelo de rodillas entre los árboles. Mira detenidamente el rostro de Aquel que mira detenidamente al cielo. Entiende esto: le han entregado una copa que tiene tu nombre. Si bebe de ella, Dios le hará a él lo que Dios debería hacerte a ti. Si Cristo bebe de la copa, él será tu sustituto.

Y según un versículo tras otro en la Biblia, Cristo está dispuesto a hacer justo eso:

Al que no cometió pecado alguno, por nosotros Dios lo trató como pecador, para que en él recibiéramos la justicia de Dios. (2 Corintios 5.21)

Porque Cristo murió por los pecados una vez por todas, el justo por los injustos, a fin de llevarlos a ustedes a Dios. (1 Pedro 3.18)

La palabra griega *hyper* significa «en lugar de» o «en favor de». Los escritores del Nuevo Testamento recurren repetidamente a esta preposición para describir la obra de Cristo:

Cristo murió por [ὑπέρ] nuestros pecados. (1 Corintios 15.3)

Cristo nos rescató de la maldición de la ley al hacerse maldición por [ὑπέρ] nosotros. (Gálatas 3.13)

Jesucristo dio su vida por [ὑπέρ] nuestros pecados. (Gálatas 1.4)

Jesús mismo profetizó:
«El buen pastor da su vida por [ὑπέρ] las ovejas». (Juan 10.11)

Nadie tiene amor más grande que el dar la vida por [ὑπέρ] sus amigos. (Juan 15.13)

———

En el aposento alto, Jesús tomó pan y explicó: «Este pan es mi cuerpo, entregado por [ὑπέρ] ustedes» (Lucas 22.19). Y al presentar la copa, dijo: «Esta copa es el nuevo pacto en mi sangre, que es derramada por [ὑπέρ] ustedes» (Lucas 22.20).

Perdóname por sonar híper sobre *hyper*, pero necesitas ver el punto. La cruz de Cristo es más que un regalo; es una sustitución. Al tomar la copa, Cristo estaba tomando nuestro lugar. Aunque no había vandalizado, fue tratado como un vándalo. Aunque saludable, recibió nuestro cáncer. En el huerto, él aceptó recibir toda la fuerza de un Dios que detesta el pecado.

El amor santo hace esas cosas. Si el cielo fuera solo santo, sin amor, no tendríamos esperanza debido al pecado. Si el cielo fuera solo amor, sin santidad, el mundo sería un caos debido a la falta de bondad. Pero como el cielo es igualmente santo y amoroso, Dios mismo nos salva de él mismo. Él castigó el pecado y salvó al pecador castigando a la única alma sin pecado que jamás haya vivido: Jesucristo.

Démosle gracias. Dale gracias con alabanza. Dale gracias con obras. Dale gracias con adoración y obras de agradecimiento. Él no tenía que tomar la copa. Pero lo hizo. Y como lo hizo, nosotros jamás lo haremos.

Capítulo 16

Dios salva

Tengo una naturaleza pecaminosa.

Y tú también. Bajo las circunstancias correctas harás algo incorrecto. No querrás hacerlo. Tratarás de evitarlo, pero lo harás. ¿Por qué? Porque tienes una naturaleza pecaminosa.

Naciste con ella. Todos nacimos con ella. Nuestros padres no nos enseñaron a formar berrinches; nacimos con esa destreza. Nadie nos enseñó cómo robarle una galleta a nuestro hermano; simplemente supimos hacerlo. Nunca tomamos un curso para aprender a hacer pucheros o culpar a otros, pero podíamos hacer las dos cosas antes de dejar los pañales.

Cada uno de nosotros llegó a este mundo con una naturaleza pecaminosa.

Dios llegó al mundo para quitarla, pero costaría mucho.
Mira cuidadosamente las palabras que el ángel le dijo a José.

José, hijo de David, no temas recibir a María tu mujer, porque lo que en ella es engendrado, del Espíritu Santo es. Y dará a luz un hijo, y llamarás su nombre JESÚS, porque él salvará a su pueblo de sus pecados. (Mateo 1.20-21, RVR1960)

Tal vez no veamos la conexión entre el nombre *Jesús* y la frase «salvará a su pueblo de sus pecados», pero José sí la vería. Él estaba familiarizado con el idioma hebreo. Los orígenes del nombre en español *Jesús* se remontan a la palabra hebrea *Yeshua*. *Yeshua* es la abreviación de *Yehoshuah*, que significa «Yahweh salva».

¿Quién era Jesús? *Dios* salva.

¿Qué vino a hacer Jesús? Dios *salva*.

Dios *salva*, no Dios se identifica, se preocupa, escucha, ayuda, asiste o aplaude. Dios salva. Específicamente «él salvará a su pueblo de sus pecados» (v. 21). Jesús vino a salvarnos, no solo de la política, los enemigos, los retos o las dificultades. Él vino a salvarnos de nosotros mismos.

Y he aquí el porqué. Dios tiene planes importantes para ti y para mí. Él está reclutando para sí a un pueblo que habitará el cielo. Dios les devolverá a su planeta y a sus hijos el esplendor del huerto del Edén. Será perfecto. Perfecto en esplendor. Perfecto en justicia. Perfecto en armonía.

Una palabra describe al cielo: *perfecto*.

Una palabra nos describe a nosotros: *imperfectos*.

El reino de Dios es perfecto, pero sus hijos no; entonces, ¿qué hace él? ¿Nos abandona? ¿Empieza otra vez? Podría hacerlo. Pero nos ama demasiado para hacer eso.

¿Nos tolerará con nuestra naturaleza pecaminosa? ¿Poblará el cielo con ciudadanos rebeldes y egoístas? De ser así, ¿cómo sería el cielo?

No lo sería. Pero Dios tenía un plan; una historia que estaba escribiendo desde el principio. ¿El protagonista? Cristo. ¿El clímax de la acción? Comenzó en el aposento alto.

Sabía Jesús que el Padre había puesto todas las cosas bajo su dominio, y que había salido de Dios y a él volvía; así que se levantó de la mesa, se quitó el manto y se ató una toalla a la cintura. Luego echó agua en un recipiente y comenzó a lavarles los pies a sus discípulos y a secárselos con la toalla que llevaba a la cintura. (Juan 13.3-5)

Esta fue la víspera de la crucifixión y la última cena de Jesús con sus seguidores. Juan quería que supiéramos lo que Jesús sabía. Jesús sabía que tenía toda la autoridad. Sabía que había sido enviado del cielo. Sabía que estaba destinado al cielo. Jesús estaba seguro de su identidad y de su destino. Como él sabía quién era, pudo hacer lo que hizo.

«Se levantó de la mesa». Cuando Jesús se puso de pie, seguramente los discípulos se animaron. Deben haber pensado que Jesús estaba por enseñarles algo. Así fue, pero no con palabras.

A continuación, «se quitó el manto». Incluso el simple manto sin costuras de un rabí era demasiado ostentoso para la tarea en cuestión.

Jesús colgó el manto en un perchero y se ciñó la toalla en la cintura. Luego tomó una jarra de agua y la vació en un recipiente. El único sonido era el salpicar del agua mientras Jesús llenaba el lebrillo.

El siguiente sonido fue el del recipiente cuando Jesús lo colocó en el suelo. Luego, el sonido del cuero al Jesús desamarrar el primer par de dos docenas de sandalias. Se oyó otra vez el salpicar del agua al Jesús sumergir en ella dos pies, sucios como estaban. Masajeó los dedos. Sostuvo con sus manos los talones resecos. Secó los pies con su toalla. Luego se puso de pie, vació el lebrillo de agua sucia, lo llenó de agua limpia y repitió el proceso con el siguiente par de pies.

Salpicar. Lavar. Masajear. Secar.

¿Cuánto tiempo crees que requirió este lavado de pies? Suponiendo que Jesús se tomó dos o tres minutos por pie, este acto habría tomado casi una hora. No olvides, Jesús estaba en sus minutos finales con sus seguidores. Si pudiéramos medir con un reloj de arena los tres años junto a ellos, solo quedarían por caer unos pocos granos. Jesús decidió usarlos en este silencioso sacramento de humildad.

Nadie habló. Es decir, nadie excepto Pedro, que siempre tenía algo que decir. Cuando se opuso, Jesús insistió y llegó al punto de decirle: «Si no te los lavo, no tendrás parte conmigo» (v. 8).

Pedro pidió un baño.

Más tarde, aquella misma noche, los discípulos se dieron cuenta de la inmensidad de este gesto. Habían prometido quedarse con su Maestro, pero aquellas promesas se derritieron como cera al calor de las antorchas romanas. Cuando los soldados llegaron marchando, los discípulos se fueron corriendo.

Me los imagino corriendo a toda velocidad hasta que, ya sin fuerzas, se desplomaron en el suelo, dejaron caer la cabeza hacia adelante y miraron, fatigados, hacia abajo. Fue entonces cuando vieron los pies que Jesús acababa de lavarles. Fue entonces cuando se dieron cuenta de que habían recibido gracia antes de que supieran que la necesitaban.

Jesús perdonó a sus traidores antes de que lo traicionaran.

Jesús no excluyó a ninguno de sus seguidores, aunque no lo habríamos culpado si hubiera saltado a Felipe. Cuando Cristo les pidió a los discípulos que alimentaran a la multitud de cinco mil personas hambrientas, Felipe replicó: «¡Imposible!» (Juan 6.7, parafraseado). ¿Qué hace Jesús entonces con alguien que cuestiona sus órdenes? Aparentemente, le lava los pies al que duda.

Santiago y Juan presionaron para obtener posiciones en el reino de Cristo. ¿Qué hace Jesús entonces cuando la gente usa el reino de Dios para promoción personal? Desliza una palangana en dirección a ellas.

Pedro dejó de confiar en Cristo en medio de la tormenta. Intentó convencer a Cristo de que no fuera a la cruz. En pocas horas, Pedro maldeciría el nombre mismo de Jesús y saldría disparado a esconderse. De hecho, todos los veinticuatro pies de los seguidores de Jesús pronto saldrían corriendo y dejarían solo al Mesías frente a sus acusadores. ¿Te has preguntado alguna vez qué hace Dios con la gente que no cumple sus promesas? Les lava los pies.

Y Judas. La rata mentirosa, confabuladora y codiciosa que vendió a Jesús al mejor postor a cambio de un puñado de dinero. Cristo no le lavaría los pies, ¿cierto? En verdad espero que no. Si le lavara los pies a su Judas, entonces tendrías que lavarle los pies al tuyo.

A tu traidor. A tu granuja inadaptado. A ese sinvergüenza irresponsable y bueno para nada. El Judas de Jesús se alejó con treinta piezas de plata. Tu Judas se marchó con tu seguridad, tu cónyuge, tu trabajo, tu niñez, tu jubilación, tus inversiones.

¿Esperas que le lave los pies y lo deje ir?

La mayoría de las personas no quiere hacerlo. Usan la foto del villano como un blanco para dardos. Sus volcanes hacen erupción de vez en cuando, y contaminan el aire con odio, y difunden mal olor por todo el mundo. La mayoría de la gente mantiene una olla de odio hirviendo a fuego lento.

Pero tú no eres «la mayoría de la gente». La gracia ha obrado a tu favor. Mira tus pies. Están mojados y empapados de gracia. Los dedos, los arcos y los talones de tus pies han sentido la fresca palangana de la gracia divina. Jesús ha lavado las partes más mugrientas de tu vida. Él no te pasó por alto ni llevó la palangana hasta otra persona. Si la gracia fuera un campo de trigo, Jesús te ha dejado en herencia el estado de Kansas. ¿Puedes compartir tu gracia con otros?

«Si yo, el Señor y el Maestro, les he lavado los pies, también ustedes deben lavarse los pies los unos a los otros. Les he puesto el ejemplo, para que hagan lo mismo que yo he hecho con ustedes» (Juan 13.14-15).

Si piensas que lavarles los pies a los discípulos fue la acción de servidumbre máxima, solo espera. Fue solo el comienzo. Las horas que siguieron nos presentan el ejemplo más extraordinario de servicio, humildad y sacrificio que los seguidores de Jesús, y cualquier persona desde entonces, jamás haya visto.

Cerca de la medianoche salieron del aposento alto y descendieron por las calles de la ciudad. Pasaron por el estanque inferior, salieron por la puerta de la fuente y dejaron atrás a Jerusalén. Los caminos estaban flanqueados con los fuegos y las tiendas de los peregrinos de la Pascua. La mayoría estaba durmiendo, con la pesadez de la cena. Los que todavía estaban despiertos no prestaron mucha atención al grupo de hombres que caminaba por la senda blanquecina.

Atravesaron el valle y ascendieron por el camino que los llevaría al Getsemaní. El camino era escarpado, así que se detuvieron para descansar. En algún lugar dentro de las murallas de la ciudad, el duodécimo apóstol corrió a toda velocidad por una calle. Sus pies habían sido lavados por el hombre al que traicionaría. Su corazón había sido reclamado por el maligno al que había escuchado. Corrió para encontrar a Caifás.

El encuentro final de la batalla había comenzado.

Cuando Jesús miró a la ciudad de Jerusalén, él vio lo que los discípulos no podían ver. Es aquí, en las afueras de Jerusalén, donde terminaría la batalla. Él vio el montaje de Satanás. Vio la embestida de los demonios. Vio al diablo preparándose para el encuentro final. El enemigo acechó como un espectador por más de una hora. Satanás, el anfitrión del odio, se había apropiado del corazón de Judas y susurraba en el oído de Caifás. Satanás, el amo de la muerte, había abierto las cavernas y estaba preparado para recibir la fuente de luz.

El infierno se estaba desatando.

La historia lo registra como una batalla de los judíos contra Jesús. No era eso. Era una batalla de Dios contra Satanás.

Y Jesús lo sabía. Él sabía que antes de que la guerra terminara, lo tomarían cautivo. Sabía que antes de la victoria vendría la derrota. Él sabía que antes de que pudiera sentarse otra vez en el trono, tendría que beber de la copa. Sabía que antes de la luz del domingo llegaría la oscuridad del viernes.

Y estaba asustado...

Nunca antes se había sentido tan solo. Lo que había que hacer, solo él podía hacerlo. Un ángel no podía hacerlo. Ningún ángel tiene el poder para abrir de par en par las puertas del infierno. Ningún ser humano podía hacerlo porque ninguno tiene la pureza para destruir los reclamos del pecado. Ninguna fuerza terrenal puede enfrentar la fuerza del mal y ganar... excepto Dios.

Jesús confesó: «El espíritu está dispuesto, pero el cuerpo es débil» (Marcos 14.38). Su humanidad suplicaba ser liberada de lo que su divinidad podía ver. Jesús, el carpintero, imploraba. Jesús, el hombre, miró dentro del pozo oscuro y suplicó: «¿Habrá otra manera?».

¿Sabía Jesús la respuesta antes de hacer la pregunta? ¿Su corazón humano tenía la esperanza de que su Padre celestial hubiera encontrado otra alternativa? No sabemos. Pero sí sabemos que pidió no hacerlo. Sí sabemos que suplicó por una salida. Sí sabemos que hubo un momento cuando pudo haberle dado la espalda a todo el asunto y desaparecido.

Pero no lo hizo.

No lo hizo porque te vio justo en el medio de un mundo que no es justo. Te vio tratando de mantenerte a flote en el río de la vida, sin haberlo pedido. Te vio traicionado por tus seres amados. Te vio con un cuerpo que se enferma y un corazón que se debilita.

Te vio en tu propio huerto de árboles retorcidos y amigos dormidos. Te vio mirando en el pozo de tus propios fracasos y en la boca de tu propia tumba.

Te vio en tu huerto de Getsemaní... y no quería que estuvieras solo.

Quería que supieras que él también ha estado allí. Sabe lo que es que conspiren en tu contra. Sabe lo que es sentir un conflicto interno. Él sabe lo que es debatir entre dos deseos. Sabe lo que es oler el hedor de Satanás. Y, quizás más importante aún, él sabe lo que es suplicarle a Dios que cambie de parecer y escucharle decir amablemente, pero con firmeza: «No».

Porque eso fue lo que Dios le dijo a Jesús. Y Jesús aceptó la respuesta. En algún momento, durante esa hora de la medianoche, un ángel de misericordia vino sobre el cuerpo cansado del hombre en el huerto. Al ponerse de pie, la angustia había desaparecido de sus ojos. Ya no tenía los puños apretados. Ya su corazón no pelearía más.

La batalla había sido ganada. Tal vez pensabas que había sido ganada en el Gólgota. No fue así. Quizás pensabas que la señal de la victoria era la tumba vacía. No fue así. La batalla final fue ganada en el Getsemaní. Y la señal de la conquista fue un Jesús en paz entre los árboles de olivo.

Porque fue en el huerto donde tomó la decisión. Preferiría ir al infierno por ti que ir al cielo sin ti.

Al otro día, cerca de las nueve de la mañana, Jesús llegó dando traspiés hasta el «Lugar de la Calavera». Un soldado le apretó el antebrazo con su rodilla y le atravesó una mano con un clavo, y luego la otra, y después ambos pies. Mientras los romanos elevaban la cruz, sin darse cuenta, pusieron a Cristo justo en la posición en la que él vino a morir: entre la humanidad y Dios.

Un sacerdote en su propio altar.

En el monte los sonidos se entremezclaron: los fariseos burlándose, las espadas repicando y los moribundos gimiendo. Jesús casi no habló. Pero cuando lo hizo, los diamantes resplandecieron contra el terciopelo. Les ofreció gracia a sus verdugos y, a su madre, un hijo. Contestó la oración de un ladrón y le pidió algo de beber a un soldado.

Entonces, al mediodía, la oscuridad cayó como una cortina. «Desde el mediodía y hasta la media tarde toda la tierra quedó en oscuridad» (Mateo 27.45).

La oscuridad era sobrenatural, no una acumulación de nubes casual ni un eclipse solar breve. Esto fue una manta de oscuridad de tres horas. Los comerciantes en Jerusalén prendieron velas. Los soldados encendieron sus antorchas. Los padres se preocuparon. Había gente por todas partes preguntándose: «¿De dónde viene esta noche al mediodía?». Tan lejos como Egipto, el historiador Dionisio se fijó en el cielo negro y escribió: «O el Dios de la naturaleza está sufriendo, o la máquina del mundo está dando tumbos en ruinas».[1]

Por supuesto que el cielo estaba oscuro; el pueblo estaba matando a la Luz del mundo.

El mundo se angustió tal como Dios dijo que ocurriría. «Y sucederá que en aquel día [...] yo haré que el sol se ponga al mediodía y que la tierra en pleno día se oscurezca [...] haré que sea como duelo por hijo único y su fin, como día de amargura» (Amós 8.9-10, LBLA).

El cielo lloró. Y un cordero baló. ¿Recuerdas la hora del grito? «Como a las tres de la tarde, Jesús gritó con fuerza» (Mateo 27.46). Tres de la tarde, la hora del sacrificio en el templo. A menos de una milla hacia el este un sacerdote vestido con ropas finas llevaba a un cordero al matadero, sin saber que su trabajo era en vano. El cielo no estaba mirando al cordero del hombre, sino al «¡Cordero de Dios, que quita el pecado del mundo!» (Juan 1.29).

Capítulo 17

«Todo se ha cumplido»

A *bandono*. Qué palabra tan agobiante.
Abandonado por la familia.
Abandonado por un cónyuge.
Abandonado por una gran empresa.
Pero nada se compara con ser abandonado por Dios.

«Jesús gritó con fuerza» (Mateo 27.46). Fíjate en estas firmes palabras. Otros escritores usaron la palabra griega para «gritar con fuerza» como la descripción de un «rugido».[1] Los soldados no están pidiéndole que hable más alto. El Cordero ruge. «Se oscurecerán el sol y la luna [...] Rugirá el SEÑOR desde Sión, tronará su voz desde Jerusalén» (Joel 3.15-16).

Cristo levanta hacia el cielo su pesada cabeza y sus párpados caídos, y gasta sus últimas energías gritando hacia las esquivas estrellas: «*Elí, Elí, ¿lama sabactani?* (que significa: "Dios mío, Dios mío, ¿por qué me has desamparado?")» (Mateo 27.46).

Nosotros preguntaríamos lo mismo. ¿Por qué a él? ¿Por qué abandonaste a tu Hijo? Abandona a los asesinos. Deserta a los malhechores. Vuelve la espalda a los pervertidos y a los traficantes del dolor. Abandónalos a ellos, no a él. ¿Por qué abandonas a la única alma sin pecado en la tierra?

¡Ah! Es la palabra más dura de todas. *Abandono.* La casa que nadie quiere. El niño que nadie reclama. El padre que nadie recuerda. El Salvador que nadie entiende. Jesús rasga la oscuridad con la pregunta más solitaria del cielo: «Dios mío, Dios mío, ¿por qué me has desamparado?».

¡Un momento! ¿Acaso David no nos dijo: «No he visto justo desamparado» (Salmos 37.25, RVR1960)? ¿Se equivocó David? ¿Jesús tropezó? Ni lo uno ni lo otro. En ese momento, Jesús es cualquier cosa menos justo. Pero sus errores no son suyos. «[Cristo] llevó él mismo nuestros pecados en su cuerpo sobre el madero, para que nosotros, estando muertos a los pecados, vivamos a la justicia» (1 Pedro 2.24, RVR1960).

Cristo llevó todos nuestros pecados en su cuerpo...

¿Puedes imaginar que hicieran públicos tus pecados pasados? ¿Puedes visualizarte parado en un escenario mientras están proyectando en la pantalla detrás de ti una película de cada segundo secreto y egoísta?

¿No te esconderías debajo de la alfombra? ¿No gritarías para que los cielos tuvieran misericordia? Y, ¿no sentirías una fracción...

solo una fracción de lo que Cristo sintió en la cruz? ¿El gélido desagrado de un Dios que odia el pecado?

Cristo llevó todos nuestros pecados en su cuerpo...

¿Ves a Cristo en la cruz? Un chismoso cuelga allí. ¿Ves a Jesús? Desfalcador. Mentiroso. Intolerante. ¿Ves al carpintero crucificado? Maltrata a su esposa. Es adicto a la pornografía y es un asesino. ¿Ves al niño de Belén? Llámalo por sus otros nombres: Adolfo Hitler, Osama bin Laden y Jeffrey Dahmer.

¡Un momento, Max! No agrupes a Cristo con esos malhechores. ¡No escribas su nombre en la misma oración con los de ellos!

No lo hice yo. *Él* lo hizo. De hecho, hizo más. Más que poner su nombre en la misma oración, se puso a sí mismo en el lugar de ellos. Y en el tuyo. Con las manos abiertas por los clavos, invitó a Dios: «¡Trátame como los tratarías a ellos!». Y Dios lo hizo. En una acción que destrozó el corazón del Padre, pero que honró la santidad del cielo, el castigo que purga pecado cayó sobre el Hijo eterno e inmaculado. El punto culminante de la historia había llegado en este momento, con una frase final.

Detente y escucha. ¿Puedes imaginarte el grito final desde la cruz? El cielo está oscuro. Las otras dos víctimas están quejándose. Las bocas burlonas están calladas. Quizás se escuchan truenos. Tal vez hay llanto. Quizás hay silencio. Entonces, Jesús respira profundo, aprieta sus pies contra el clavo romano y grita: «Todo se ha cumplido» (Juan 19.30).

¿Qué se ha cumplido?

Nuestra incapacidad para terminar lo que empezamos es evidente en las tareas más sencillas:

El césped cortado parcialmente
Un libro leído hasta la mitad
Cartas comenzadas, pero sin terminar
Una dieta abandonada
Un auto sobre bloques

Y lo vemos en las áreas más dolorosas de la vida:

Un niño abandonado
Una fe fría
Los cambios de un trabajo a otro
Un matrimonio destrozado
Un mundo sin evangelizar

¿Estoy tocando algunas llagas dolorosas? ¿Alguna probabilidad de que le esté hablando a alguien que esté considerando darse por vencido? Si es así, quiero animarte a permanecer. Quiero alentarte a recordar la determinación de Jesús en la cruz.

Jesús no se rindió. Pero no pienses ni por un minuto que no estuvo tentado a hacerlo. Observa su mueca de dolor mientras escucha a sus apóstoles murmurando y discutiendo. Míralo llorar sentado frente a la tumba de Lázaro, o escucha sus gemidos mientras se aferra al suelo en el Getsemaní.

¿Quiso darse por vencido alguna vez? Puedes estar seguro.

Por eso sus palabras son tan espléndidas.

«Todo se ha cumplido».

El plan desde el comienzo de la historia para redimir a la humanidad se había cumplido. El mensaje de Dios para los seres humanos se había cumplido. Las obras que Jesús hizo como hombre en la tierra se habían cumplido. La tarea de seleccionar y adiestrar embajadores se había cumplido. El trabajo estaba terminado. La canción había sido cantada. La sangre había sido derramada. El sacrificio había sido hecho. El aguijón de la muerte había sido removido. Todo estaba hecho. ¿Un grito de derrota? Difícilmente. Si no hubiera tenido sus manos atadas, me atrevo a decir que un puño triunfante habría golpeado el cielo oscuro. No, este no fue un grito de desesperación. Fue un grito de terminación. Un grito de victoria. Un grito de satisfacción. Sí, hasta un grito de alivio.

El luchador permaneció. Y gracias a Dios que lo hizo. Gracias a Dios que soportó, porque no podemos lidiar con nuestros propios pecados. «Solo Dios puede perdonar pecados» (Marcos 2.7, DHH). Jesús es el «Cordero de Dios, que quita el pecado del mundo!» (Juan 1.29).

¿Cómo trató Dios con tu deuda?

¿La ignoró? Pudo haberlo hecho. Pudo haber quemado el estado de cuenta. Pudo haber ignorado tus cheques devueltos. Pero ¿haría esto un Dios santo? ¿*Podría* hacer eso un Dios santo? No. No sería santo. Además, ¿así es como queremos que Dios maneje su mundo... que ignore nuestro pecado y, por ende, respalde nuestra rebelión?

¿Te castigó por tus pecados? Otra vez, podía hacerlo. Pudo haber tachado tu nombre en el libro y borrarte de la faz de la tierra. Pero ¿haría eso un Dios amoroso? ¿Podría un Dios amoroso hacerlo? Él te ama con un amor eterno. Nada puede separarte de su amor.

Entonces, ¿qué hizo? «Dios estaba en Cristo reconciliando al mundo consigo mismo, no tomando más en cuenta el pecado de la gente... Así que somos embajadores de Cristo [...] Dios hizo que Cristo, quien nunca pecó, fuera la ofrenda por nuestro pecado, para que nosotros pudiéramos estar en una relación correcta con Dios» (2 Corintios 5.19-21, NTV).

La cruz incluyó un «poner». Dios puso nuestro pecado en Cristo para así poder poner la justicia de Cristo en nosotros.

Algo remotamente similar me ocurrió en un restaurante. El *maître d'* no quería dejarme entrar. No le importó que Denalyn y yo estuviéramos en nuestra luna de miel. Le dio igual que la noche en el elegante club campestre fuera un regalo de bodas. No podía preocuparle menos que Denalyn y yo no hubiéramos almorzado para guardar espacio para la cena. Todo esto era irrelevante en comparación con el problema inminente.

No llevaba puesta una chaqueta.

No sabía que necesitaba una. Pensaba que una camisa informal era suficiente. Estaba limpia y metida dentro de mi pantalón. Pero el Sr. Esmoquin con acento francés no estaba impresionado. Sentó a todo el mundo. Les asignó una mesa al Sr. y a la Sra. Gallardo. Sentó al Sr. y a la Sra. Más-Elegantes-Que-Tú. ¿Pero el Sr. y la Sra. Sin-Chaqueta?

Si hubiera tenido otra opción, no habría suplicado. Pero no la tenía. Ya era tarde. Otros restaurantes estaban cerrados o reservados, y teníamos hambre. «Hay algo que pueda hacer», imploré. Él me miró, luego a Denalyn, y dejó salir un largo suspiro que llenó sus mejillas.

«Está bien, déjenme ver qué puedo hacer».

Desapareció en el guardarropa y apareció con una chaqueta. «Póngase esto». Y lo hice. Las mangas eran muy cortas. Los hombros me quedaban muy apretados. Y era color verde limón. Pero no me quejé. Tenía mi chaqueta y nos llevaron hasta una mesa. (No se lo digas a nadie, pero me la quité tan pronto llegó nuestra comida).

A pesar de todos los inconvenientes de la noche, terminamos con una cena excelente y una parábola mucho mejor.

Yo necesitaba una chaqueta, pero lo único que tenía era una oración. El hombre era demasiado gentil para no dejarme entrar, pero muy leal para bajar el estándar. Así que justo el que exigía una chaqueta me dio una chaqueta, y nos asignó una mesa.

¿Acaso no fue esto lo que ocurrió en la cruz? ¿Las sillas a la mesa de Dios no están disponibles para los desaliñados? ¿Pero quién entre nosotros es cualquier cosa menos eso? Moralidad desgreñada. Descuidados con la verdad. Negligentes con las personas. Nuestra vestimenta moral está hecha un desastre. Sí, el estándar para sentarse a la mesa de Dios es alto, pero el amor de Dios por sus hijos es más grande.

Así que él nos ofrece un regalo. No es una chaqueta color verde limón, sino una túnica. Una túnica sin costuras. No una pieza de vestir sacada del guardarropa, sino una túnica que llevó su Hijo, Jesús.

El carácter de Jesús fue una tela sin costuras entretejida desde el cielo hasta la tierra... desde los pensamientos de Dios hasta las acciones de Jesús. Desde las lágrimas de Dios hasta la compasión de Jesús. Desde la Palabra de Dios hasta la respuesta de Jesús. Toda era una sola pieza. Todo era un cuadro del carácter de Jesús. Pero cuando clavaron a Jesús en la cruz, él se quitó su túnica de perfección sin costura y se cubrió con una túnica diferente: la túnica de la indignidad.

La indignidad de la desnudez. Desnudo ante su propia madre y sus seres amados. Avergonzado ante su familia.

La indignidad del fracaso. Por unas pocas horas llenas de dolor, los líderes religiosos fueron los victoriosos, y Cristo parecía ser el perdedor. Avergonzado ante sus acusadores.

Lo peor de todo, llevó la *indignidad del pecado.* «Él mismo, en su cuerpo, llevó al madero nuestros pecados» (1 Pedro 2.24).

¿La ropa de Cristo en la cruz? Pecado: el tuyo y el mío. Los pecados de toda la humanidad.

Recuerdo a mi papá explicándome por qué un grupo de hombres al costado de la carretera llevaba vestimenta a rayas. Me dijo: «Son prisioneros. Infringieron la ley y tienen que cumplir su condena».

¿Quieres saber lo que no olvido sobre aquellos hombres? Que nunca levantaron la vista. Nunca hicieron contacto visual. ¿Estaban avergonzados? Lo más probable.

Lo que ellos sintieron al costado de la carretera fue lo que nuestro Salvador sintió en la cruz: vergüenza. Cada aspecto de la crucifixión tenía la intención no solo de hacerle daño a la víctima, sino también avergonzarlo. Por lo general, la muerte en una cruz se reservaba para los ofensores más viles: asesinos, sicarios y así por el estilo. Paseaban a la persona condenada por las calles de la ciudad, mientras cargaba su cruz y un rótulo alrededor del cuello que nombraba su crimen. En el lugar de la ejecución, lo desnudaban y se burlaban de él.

La crucifixión fue tan aborrecible que Cicerón escribió: «Alejen hasta el nombre de la cruz no solo del cuerpo de un ciudadano romano, sino aun de sus pensamientos, ojos y oídos».[2] Jesús no solo fue avergonzado ante su pueblo, fue avergonzado ante el cielo.

Como llevó el pecado del asesino y del adúltero, sintió la vergüenza del asesino y del adúltero. Aunque nunca mintió, cargó con
la vergüenza del mentiroso. Aunque nunca engañó, sintió la vergüenza de un engañador. Como llevó el pecado del mundo, sintió
la vergüenza colectiva del mundo.

No es de extrañar que el escritor de Hebreos hablara de «la
deshonra que él llevó» (Hebreos 13.13).

Mientras estaba en la cruz, Jesús sintió la indignidad y la deshonra de un criminal. No, no era culpable. No, no había pecado.
Y no, no merecía ser sentenciado. Pero tú y yo éramos culpables,
habíamos pecado y merecíamos la sentencia. Estábamos en la
misma posición que estuve con el *maître d'*: no teníamos nada que
ofrecer, excepto una oración. Sin embargo, Jesús va más allá que el
maître d'. ¿Puedes imaginarte al anfitrión del restaurante quitán-
dose su esmoquin y ofreciéndomelo?

Jesús sí puede. No estamos hablando de una chaqueta de
segunda mano mal entallada. Él ofrece un manto de pureza perfecta y se viste con mi chaqueta hecha con retazos de orgullo,
avaricia y egoísmo. «[Jesús] aceptó estar bajo maldición en lugar
de nosotros» (Gálatas 3.13, PDT). Él se vistió con nuestro pecado
para que nosotros pudiéramos vestirnos con su justicia.

Aunque nos acercamos a la cruz vestidos en pecados, nos alejamos vestidos con «ropas de salvación», cubiertos con «el manto de
la justicia» (Isaías 61.10) y ceñidos con un cinto de «justicia... y...
fidelidad» (Isaías 11.5).

De hecho, terminamos vestidos en Cristo mismo. «Se han puesto
a Cristo como si se pusieran ropa nueva» (Gálatas 3.27, NTV).

No era suficiente para él prepararte un banquete.

No era suficiente para él reservarte una silla.

No era suficiente para él cubrir los gastos y proveer la transportación a la cena.

Él hizo más. Dejó que te pusieras su propia ropa para que estuvieras vestido adecuadamente.

«Porque con un solo sacrificio ha hecho perfectos para siempre a los que está santificando». (Hebreos 10.14). Nadie tiene que hacer otro sacrificio. No son necesarios más depósitos. El pago fue tan completo que Jesús usó un término bancario para proclamar tu salvación. «Todo se ha cumplido» (Juan 19.30). Tetelestai (se ha cumplido) era un término financiero usado para anunciar la cuota final, el último pago.

Ahora bien, si la tarea está terminada, ¿se requiere algo más de ti? Por supuesto que no. Si la cuenta está llena, ¿qué más podrías añadir?

PARTE 6

EL REY QUE VENDRÁ OTRA VEZ

El vuelo más lujoso en el mundo lo ofrece Etihad Airways, la aerolínea nacional de los Emiratos Árabes Unidos. Te vuelan desde Nueva York a Mumbai en tu propio «ático en el cielo». Viene con un cocinero, un mayordomo y servicio de habitación para la cama doble vestida con sábanas italianas. Disfrutarás de tu sala privada y puedes relajarte en un sofá de piel mientras miras una película tras otra en un televisor plano de treinta y dos pulgadas. Puedes elegir la cena que quieras, te la cocinan al momento y te sirven en abundancia. Antes de aterrizar, si lo deseas, puedes ducharte en tu baño privado y hacer los arreglos para la cena con la ayuda de tu conserje personal.[1]

Me encantaría tomar ese vuelo. No quiero pagar los $38,000 por un billete sencillo, pero si me dieran la oportunidad libre de costo, la aceptaría. Y solo pondría una condición. El vuelo tiene que terminar. No me importa lo maravilloso, opulento, lujoso y espléndido que sea el vuelo; realmente quiero que termine.

Me gusta viajar como a cualquier otra persona. Simplemente no quiero que el viaje dure para siempre. Tú tampoco. Fuimos creados para buscar un destino. Somos palomas mensajeras humanas. Algo en nuestro interior anhela aterrizar en nuestro destino previsto.

Tal vez sea por eso que nos agrada pensar en Jesús como el Rey que vendrá otra vez. Él nos ofrece estas palabras de aliento:

No se angustien ustedes. Crean en Dios y crean también en mí. En la casa de mi Padre hay muchos lugares donde vivir; si no fuera así, yo no les hubiera dicho que voy a prepararles un lugar. Y después de irme y de prepararles un lugar, vendré otra vez para llevarlos conmigo, para que ustedes estén en el mismo lugar en donde yo voy a estar. (Juan 14.1-3, DHH)

Subraya esta promesa y resáltala en amarillo: «Vendré otra vez». Cristo garantiza su segunda venida. Esta segunda visita será para siempre. Por nuestro bien. Él nos insta a prepararnos para ella y a reflexionar frecuentemente sobre el mundo que espera por nosotros.

«Concentren su atención en las cosas de arriba» (Colosenses 3.2). Este verbo proviene de la raíz griega *fronéo*, que significa «ejercitar la mente o poner la mira», por eso otra versión de la Biblia dice: «Poned la mira en las cosas de arriba» (RVR1960).

Obedecí este pasaje de una manera terrenal. Antes de mudarnos a San Antonio en 1988, ya sabía cómo lucía nuestra casa. Era una casa de ladrillo con una puerta marrón oscuro en una tranquila calle sin salida. Antes de mudarnos de Río de Janeiro a Estados Unidos, unos amigos nos habían enviado una foto de la casa. Estaba a la venta. Y con una sola mirada quedé convencido. Puse la foto en nuestra cocina brasileña y la miraba muchas veces al día. Estudiaba el exterior y me imaginaba su interior. Les mostré la foto a las niñas y la examinaba con mi esposa. Para cuando nos mudamos a

San Antonio, podría haber identificado la casa entre muchas otras. Estaba familiarizado con mi hogar antes de llegar a él.

Cristo quiere que hagamos lo mismo. Él cambió nuestra residencia permanente. «Piensen en las cosas del cielo» (DHH). «[Pongan] la mira en las cosas de arriba» (RVR1960). «Piensen en las cosas del cielo, donde Cristo gobierna» (DHH). Estas traducciones se unen para declarar en un versículo: ¡obsesiónate con la vida por venir!

El cielo es el vegetal verde en la dieta espiritual. El alma necesita que contemplemos por horas y horas nuestro hogar eterno. Necesitas saber que Cristo regresará por ti. Necesitas saber cómo lucirá tu cuerpo eterno. Necesitas imaginarte la Nueva Jerusalén y el rostro de Dios. Necesitas que las cosas de arriba te consuman.

No es fácil hacerlo. Enfocarnos en el cielo exige diligencia. Esta vida está llena de distracciones y desvíos. Pero no les prestes atención. Escucha tu corazón.

En *La travesía del viajero del Alba*, de C. S. Lewis, Reepicheep —el ratón valiente— decide descubrir el país de Aslan y declara: «Mientras pueda, navegaré al este en el *Viajero del alba*. Cuando la nave me galle, remaré al este en mi barquilla. Cuando ésta se hunda, nadaré al este con mis patas; y cuando ya no pueda nadar más, si no he llegado al país de Aslan o he sido arrastrado por encima del borde del mundo por una catarata enorme, me hundiré con el hocico dirigido a la salida del sol...».[2]

Que Dios incite en nosotros un hambre idéntica. Que busquemos esas cosas que son de arriba, que concentremos nuestras mentes en lo alto. Que naveguemos, rememos, nademos y, si es necesario, muramos con nuestras narices hacia la salida del sol, saboreando el día cuando finalmente estaremos en casa.

Capítulo 18

La resurrección y la vida

Estás saliendo de la iglesia. El servicio funeral se acabó. Lo que sigue es el entierro. Frente a ti caminan seis hombres que cargan el ataúd que lleva el cuerpo de tu hijo. Tu único hijo.

La tristeza te tiene adormecido. Aturdido. Perdiste a tu esposo, y ahora a tu hijo. Ya no tienes familia. Si tuvieras más lágrimas, llorarías. Si te quedara algo de fe, orarías. Pero ambas escasean, así que no haces nada. Simplemente miras la parte trasera de la caja de madera.

De repente se detiene. Los portadores del féretro se detienen. Tú te detienes.

Un hombre se ha parado frente al ataúd. No lo conoces. Nunca antes lo has visto. No estaba en el servicio funeral. Está vestido con una chaqueta de tela de pana y *jeans*. No tienes idea de lo que está haciendo. Pero antes de que puedas decir algo, se acerca y te dice: «No llores».

¿No llores? ¡No llores! Esto es un funeral. Mi hijo está muerto. ¿No llores? ¿Quién eres tú para decirme que no llore? Estos son tus pensamientos, pero no se convierten en palabras. Porque antes de que puedas hablar, él actúa.

Se vuelve hacia el féretro, le pone su mano encima y dice en voz alta: «Joven, ¡te ordeno que te levantes!».

«Un momento, por favor», objeta uno de los hombres que carga el ataúd. Sin embargo, un movimiento repentino dentro del ataúd interrumpe la oración. Los hombres se miran entre ellos y lo bajan rápidamente. Y bien que lo hayan hecho, porque tan pronto toca la acera, la tapa comienza a abrirse poco a poco.

¿Suena como algo que leerías en una novela de ciencia ficción? No es así. Está justo en el evangelio de Lucas. «Entonces se acercó y tocó el féretro. Los que lo llevaban se detuvieron, y Jesús dijo: "Joven, ¡te ordeno que te levantes! El muerto se incorporó y comenzó a hablar"» (Lucas 7. 14-15).

Ten cuidado aquí. No leas la última oración muy rápido. Hazlo otra vez. Lentamente.

«El muerto se incorporó y comenzó a hablar».

Una oración increíble, ¿cierto? A riesgo de exagerar, leamos la oración una vez más. Esta vez, pronuncia cada palabra en voz alta. «El muerto se incorporó y comenzó a hablar».

Muy bien. (¿Te miró la gente a tu alrededor?). ¿Podemos hacerlo otra vez? Vamos a leerlo en voz alta, pero l-e-n-t-a-m-e-n-t-e. Haz una pausa después de cada palabra.

«El... muerto... se... incorporó... y... comenzó... a... hablar».

Ahora la pregunta. ¿Qué tiene de raro este versículo?

Exacto. ¡Los muertos no se incorporan! ¡Los muertos no hablan! ¡Los muertos no salen de sus féretros!

A menos que Jesús se presente. Porque cuando Jesús se presenta, no sabes lo que pueda pasar.

Jairo puede decirte. Su hija ya estaba muerta. Las lloronas ya estaban en la casa. El servicio funeral ya había empezado. La gente pensaba que lo más que Jesús podía hacer era decir algunas palabras amables sobre la hija de Jairo. Y, sin duda, Jesús tenía algunas palabras. No sobre la niña, sino para la niña. «¡Niña, levántate!» (Lucas 8.54).

Lo próximo que vio el papá fue a la niña comiendo, a Jesús riéndose y a las lloronas contratadas yéndose a sus casas temprano.

Marta presenció un milagro similar. Su deseo había sido que Jesús se presentara para sanar a Lázaro. Pero no lo hizo. Entonces, deseó que llegara a tiempo para el entierro. Tampoco llegó. Para cuando llegó a Betania, Lázaro llevaba cuatro días enterrado y Marta se estaba preguntando qué clase de amigo era Jesús. Ella oye que está a las afueras de la ciudad, así que se apresura a encontrarse con él. «"Señor", le dijo Marta a Jesús, "si hubieras estado aquí, mi hermano no habría muerto» (Juan 11.21).

Hay dolor en esas palabras. Dolor y decepción. El hombre que hubiera podido marcar una diferencia no lo había hecho, y Marta quería saber la razón.

Quizás este también sea tu caso. Tal vez hayas hecho lo mismo que Marta. Un ser amado se aventura cerca del borde de la vida y acudes a Jesús para pedirle ayuda. Tú, como Marta, recurres al único que puede halar a una persona de la cornisa de la muerte. Le pides a Jesús que te dé una mano.

Sin duda, Marta pensó: *Seguro que vendrá. ¿Acaso no socorrió al paralítico? ¿No ayudó al leproso? ¿No le devolvió la vista al ciego? Y ellos casi no conocían a Jesús. Lázaro es su amigo. Somos como familia. ¿Acaso Jesús no viene los fines de semana? ¿No come en nuestra mesa? Cuando oiga que Lázaro está enfermo, vendrá en un santiamén.*

Pero no llegó. Lázaro empeoró. Ella miraba por la ventana. Jesús no se presentó. Su hermano perdía y ganaba el conocimiento a menudo. Ella le prometía: «Él llegará pronto, Lázaro. Espera».

Pero el golpe en la puerta nunca llegó. Jesús nunca se apareció. Ni para ayudar. Ni para sanar. Ni para enterrarlo. Y ahora, cuatro días más tarde, finalmente llegó. El funeral se acabó. El cuerpo está enterrado y la tumba está sellada. Marta le dijo a Jesús: «Si hubieras estado aquí, mi hermano no habría muerto» (v. 21).

La muerte tiene algo que nos hace acusar a Dios de traición. «Si Dios estuviera aquí, ¡no habría muerte!», afirmamos.

Si Dios es Dios en todo lugar, entonces tiene que ser Dios frente a la muerte. La psicología popular puede lidiar con la depresión. Las charlas motivacionales pueden encargarse de la depresión. La prosperidad puede manejar el hambre. Pero solo Dios puede lidiar con nuestro principal dilema: la muerte. Y solo el Dios de la Biblia se ha atrevido a pararse al borde del cañón y ofrecer una respuesta. Él tiene que ser Dios frente a la muerte. Si no, no es Dios en todo lugar.

Jesús no estaba enojado con Marta. Tal vez fue su paciencia lo que provocó que ella cambiara su tono de frustración a franqueza. «Pero yo sé que aun ahora Dios te dará todo lo que le pidas» (v. 22).

Entonces Jesús hizo una de esas declaraciones que lo colocan o en el trono o en un manicomio: «Tu hermano resucitará» (v. 23). Marta malinterpretó. (¿Quién no lo haría?). «Yo sé que resucitará en la resurrección, en el día final» (v. 24).

Jesús no se refería a eso. No pases por alto el contexto de las palabras siguientes. Imagina el escenario: Jesús se había metido en el terreno del diablo; estaba parado en el territorio de Satanás, el Cañón de la Muerte. El estómago de Jesús se revuelca al percibir la peste sulfúrica del exángel, y se retuerce al escuchar los gemidos oprimidos de los que están atrapados en la prisión. Satanás ha estado allí. Él ha transgredido una de las creaciones de Dios.

Con un pie sobre la cabeza de la serpiente, Jesús habla lo suficientemente alto como para que sus palabras hicieran eco contra las paredes del cañón. «Yo soy la resurrección y la vida. El que cree en mí vivirá, aunque muera; y todo el que vive y cree en mí no morirá jamás» (vv. 25-26).

Es uno de esos «puntos de gozne» en la historia. Se había encontrado una grieta en la armadura de la muerte. Se han reclamado las llaves de las habitaciones del infierno. Los buitres se dispersaron y los escorpiones huyeron cuando la Vida confronta a la muerte... ¡y gana! El viento se detiene. Una nube bloquea el sol, y un pájaro trina a la distancia mientras que una serpiente humillada se arrastra entre las rocas y desaparece en el suelo.

«¡Lázaro, sal fuera!» (v. 43).

Marta está callada. Los dolientes están en silencio. Nadie se mueve mientras Jesús se para frente a la tumba sellada con la roca y le exige que libere a su amigo.

Nadie se mueve, es decir, excepto Lázaro. En lo profundo de la tumba, él se mueve. Su corazón inmóvil comienza a latir otra vez. Los ojos vendados se abren. Los dedos tiesos se doblan. Y un hombre momificado en una tumba se para. ¿Quieres saber qué pasa después?

Deja que Juan te cuente. «El muerto salió, con vendas en las manos y en los pies, y el rostro cubierto con un sudario» (v. 44).

Pregunta: ¿Qué no está bien con este cuadro?

Respuesta: Los muertos no salen de las tumbas.

Pregunta: ¿Qué clase de Dios es este?

Respuesta: El Dios que sostiene las llaves de la vida y de la muerte.

¿Puede Jesús realmente reemplazar la muerte con vida? Hizo un trabajo convincente con la suya.

Adelántate hasta la mañana del domingo después del viernes de la crucifixión de Jesús. Sentirse alegre es lo último que espera María Magdalena mientras se acerca al sepulcro. Lo menos que había recibido en los últimos días eran razones para celebrar. Los judíos podían celebrar: ya Jesús no estorbaba su camino. Los soldados podían celebrar: habían hecho su trabajo. Pero María no podía celebrar. Para ella, los últimos días habían traído solo tragedia.

María había estado allí. Había escuchado el clamor de los líderes por la sangre de Jesús. Había presenciado cuando el látigo desgarró la piel de su espalda. Se había estremecido cuando las espinas cortaron sus cejas y había llorado ante el peso de la cruz.

Ella estuvo allí. Estuvo allí para poner su brazo alrededor de los hombros de María, la madre de Jesús. Estuvo allí para cerrar los ojos de Jesús. Ella estuvo allí.

Por lo tanto, no es de extrañar que quiera estar allí otra vez.

Con el rocío temprano de la mañana, ella se levanta de su estera, toma sus especias y áloe, sale de su casa y sube por la ladera. Ella anticipa una tarea sombría. Para entonces, ya el cuerpo estará inflado. Su rostro estará blanco. El olor de la muerte será penetrante.

Un cielo gris da paso a uno dorado mientras ella asciende por el sendero angosto. Cuando dobla en la última curva, se queda sin aliento. La roca que cubre el sepulcro está removida.

Alguien se robó el cuerpo. Corre para despertar a Pedro y a Juan. Ellos se apresuran para ver por ellos mismos. Ella trata de mantenerse al paso de ellos, pero no puede.

Pedro sale del sepulcro confundido y Juan sale creyendo, pero María simplemente está sentada afuera llorando. Los dos hombres regresan a su casa y la dejan sola con su tristeza.

Pero algo le dice que no está sola. Quizás esté escuchando un ruido. Tal vez esté oyendo un susurro. O es posible que solo esté escuchando su corazón diciéndole que entre a ver por ella misma.

Cualquiera que sea la razón, lo hace. Se inclina, asoma su cabeza a través de la entrada tallada y espera hasta que sus ojos se acostumbran a la oscuridad.

Entonces escucha: «¿Por qué lloras, mujer?» (Juan 20.13), y ve lo que parecen ser dos ángeles, porque son blancos... radiantemente blancos. Son dos luces a cada lado de donde habían puesto el cuerpo de Jesús. Dos velas flameantes en un altar.

«¿Por qué lloras?». Una pregunta inusual para un cementerio. De hecho, la pregunta es grosera. Esto es, a menos que el interrogador sepa algo que el interrogado desconozca.

«Es que se han llevado a mi Señor, y no sé dónde lo han puesto» (v. 13).

Todavía ella lo llama «mi Señor». Hasta donde ella sabe, sus labios están en silencio. Hasta donde ella sabe, los ladrones de tumbas se llevaron su cuerpo. Pero a pesar de todo, él todavía es su Señor. Tal devoción mueve a Jesús. Lo mueve más cerca de ella. Tan cerca que ella puede oír su respiración. Ella se vuelve y allí está. María cree que es el cuidador del huerto.

Él pregunta: «¿Por qué lloras? ¿A quién buscas?» (v. 15).

Como ella piensa que el que cuida el huerto sabe dónde está el cuerpo, le pide que le diga. Ella está dispuesta a buscarlo. Pero entonces Jesús habla.

«María» (v. 16).

María se sorprendió. No es común escuchar a una lengua eterna pronunciar tu nombre. Pero cuando lo hizo, ella la reconoció. Cuando lo hizo, respondió adecuadamente. Lo adoró. En un momento, comprendió la verdad del evangelio que todavía no se había difundido: la resurrección, no de Lázaro, sino de Cristo mismo.

La tragedia del viernes emergió como el Salvador del domingo, y hasta Satanás sabía que lo habían engañado. Él había sido un instrumento en la mano del Jardinero. Todo el tiempo que pensó que estaba derrotando al cielo, estaba ayudando al cielo. Dios quería probar su poder sobre el pecado y la muerte, y eso fue exactamente lo que hizo. ¿Y quién crees que lo ayudó a hacerlo? Una vez más, el juego de Satanás se convirtió en su metida de patas. Solo que en esta ocasión no le dio al cielo algunos puntos; le dio al cielo el partido de campeonato.

«La muerte ha sido devorada por la victoria» (1 Corintios 15.54).

Capítulo 19

El gran día

Con la esperanza de ganar dinero adicional, una vez mi papá aceptó un empleo de tres meses en Nueva Inglaterra. Yo tenía diez años, a medio camino entre las bicicletas con rueditas de aprendizaje y las novias. Vivía pensando en el béisbol y los chicles. Ni una sola vez había pensado en Bangor, Maine. Hasta que mi papá fue allí.

Cuando lo hizo, busqué la ciudad en el mapa y la encontré. Calculé la distancia entre las llanuras de Texas y la costa de las langostas. Mi maestra me permitió escribir un informe sobre Henry Wadsworth Longfellow, y papá nos envió un frasco de almíbar de arce. Nuestra familia vivía en dos mundos, el nuestro y el de él.

Hablábamos mucho sobre el inminente regreso de mi padre. «Cuando papá vuelva, vamos a... arreglar la canasta de baloncesto... ir a visitar a la abuela... quedarnos despiertos hasta tarde en la noche». Mamá usaba el regreso de papá para consolarnos y como advertencia. Podía hacer ambas cosas con la misma oración. Nos tranquilizaba: «Su papá regresará pronto a casa». O declaraba con los dientes apretados: «Su papá regresará pronto a casa». Trazó un círculo sobre la fecha de su llegada en el almanaque y tachaba cada día a medida que transcurría. Lo dejó bien claro: la llegada de papá sería un suceso muy importante.

Y así fue. Cuatro décadas han erosionado los recuerdos, pero todavía conservo estos: el olor repentino a Old Spice en la casa, su voz grave y profunda, los regalos a granel, y una feliz sensación de estabilidad. El regreso de papá lo cambió todo.

El regreso de Cristo hará lo mismo.

Judas tiene un nombre para este acontecimiento: «el gran día» (Judas 1.6). La frase es perfecta. Todo sobre ese día será sin precedentes. Su grito captará nuestra atención. «El Señor mismo descenderá del cielo con un grito de mando» (1 Tesalonicenses 4.16, NTV). Antes de que veamos a los ángeles, escuchemos las trompetas o abracemos a nuestros abuelos, la voz de Jesús nos rodeará. Juan escuchó la voz de Dios y la comparó con el «estruendo de muchas aguas» (Apocalipsis 1.15, RVR1960). Quizás te hayas parado alguna vez al pie de una catarata tan ruidosa que tuviste que gritar para que te oyeran. O tal vez hayas escuchado el rugido de un león. Cuando el rey de la selva abre su boca, todos los animales levantan la cabeza. El Rey de reyes producirá la misma respuesta: «Ruge el SEÑOR desde lo alto» (Jeremías 25.30).

Lázaro escuchó ese rugido. Su cuerpo estaba en el sepulcro y su alma en el paraíso cuando Jesús clamó a gran voz en ambos lugares: «[Jesús] gritó con todas sus fuerzas: "¡Lázaro, sal fuera!". El muerto salió, con vendas en las manos y en los pies, y el rostro cubierto con un sudario» (Juan 11.43-44). Espera el mismo grito y la resurrección de los cuerpos en el gran día. «Los muertos oirán la voz del Hijo de Dios, y los que la oigan vivirán [...] Todos los que están en los sepulcros oirán su voz, y saldrán de allí» (Juan 5.25, 28-29).

El grito de Dios irrumpirá «con voz de arcángel y con trompeta de Dios» (1 Tesalonicenses 4.16). El arcángel es el oficial a cargo. Él despachará a los ejércitos de ángeles a su misión más importante: reunir a los hijos de Dios en una gran asamblea. Imagina a estos mensajeros plateados bajando desde el cielo y entrando en la atmósfera. Más fácil te será contar los copos de nieve que a estas huestes. Judas anunció que «el Señor viene con millares y millares de sus ángeles para someter a juicio a todos» (vv. 14-15). Los ejércitos de Dios eran tan numerosos que Juan no los pudo contar. Él vio «millares de millares y millones de millones» (Apocalipsis 5.11).

Los ángeles ministran a los salvos y pelean contra el diablo. Te protegen y despejan el camino. «Porque él ordenará que sus ángeles te cuiden en todos tus caminos» (Salmos 91.11). Y en el gran día, los ángeles te escoltarán hasta el cielo, donde te encontrarás con Dios. «Y él enviará a sus ángeles para reunir de los cuatro vientos a los elegidos, desde los confines de la tierra hasta los confines del cielo» (Marcos 13.27).

Ya sea que estés en Peoria o en el paraíso, si eres un seguidor de Jesús, puedes contar con un chaperón angelical para que te acompañe al encuentro más grande de la historia. Suponemos que los demonios reunirán a los rebeldes. No nos dicen. Sin embargo, sí nos indican que tanto los salvos como los perdidos serán testigos de esta asamblea. «Todas las naciones se reunirán delante de él» (Mateo 25.32).

En algún momento de esta grandiosa reunión, nuestro espíritu se reunirá con nuestro cuerpo.

> En un instante, en un abrir y cerrar de ojos, al toque final de la trompeta. Pues sonará la trompeta y los muertos resucitarán con un cuerpo incorruptible, y nosotros seremos transformados. Porque lo corruptible tiene que revestirse de lo incorruptible, y lo mortal, de inmortalidad. (1 Corintios 15.52-53)

El paraíso entregará sus almas. La tierra cederá a sus muertos, y el cielo será el escenario de la reunión del espíritu y la carne. Mientras nuestra alma vuelve a entrar en nuestro cuerpo, un gran estruendo se escuchará a nuestro alrededor: «En aquel día los cielos desaparecerán con un estruendo espantoso, los elementos serán destruidos por el fuego, y la tierra, con todo lo que hay en ella, será quemada» (2 Pedro 3.10).

Jesús llamó a esto «la renovación de todas las cosas» (Mateo 19.28). Será una recreación del mundo. Dios purificará cada centímetro cuadrado contaminado por el pecado, corrompido, degradado o mancillado. No obstante, quizás ni siquiera nos demos cuenta de esta reconstrucción porque aparecerá delante de nosotros una visión todavía más impresionante: «Verán al Hijo del hombre venir sobre las nubes del cielo con poder y gran gloria» (Mateo 24.30).

Para cuando llegue ese momento, ya habremos visto mucho: huestes de ángeles, la ascensión de los cuerpos, la gran reunión de las naciones. Habremos escuchado mucho: el grito de Dios y el ángel, el sonido de la trompeta y un estruendo purificador. Sin embargo, ninguna visión ni sonido será siquiera comparable con lo que sucederá a continuación: «Cuando el Hijo del hombre venga en su gloria [...] se sentará en su trono glorioso» (Mateo 25.31).

Esta es la dirección a la que apunta toda la historia. Es el momento hacia el que se dirige el plan de Dios. Todos los detalles, los personajes, los antagonistas, los héroes y los relatos secundarios confluyen en esta dirección. La historia de Dios nos guía hacia una coronación que hace gemir a toda la creación: «Porque por medio de él fueron creadas *todas* las cosas en el cielo y en la tierra, visibles e invisibles, sean tronos, poderes, principados o autoridades: todo ha sido creado por medio de él y para él [...] Él es el principio, el primogénito de la resurrección, para ser en todo el primero» (Colosenses 1.16, 18).

En el gran día, escucharás a miles de millones de voces afirmando lo mismo sobre Jesucristo. «Para que ante el nombre de Jesús se doble toda rodilla en el cielo y en la tierra y debajo de la tierra, y toda lengua confiese que Jesucristo es el Señor» (Filipenses 2.10-11).

Multitudes de personas se inclinarán como un campo de trigo bajo una ráfaga de viento, y cada uno dirá: «Jesucristo es el Señor».

Sin embargo, habrá una diferencia monumental. Algunas personas continuarán la confesión que comenzaron en la tierra. Coronarán a Cristo otra vez, felizmente. Otras lo coronarán por primera vez, con tristeza. Ellos y ellas negaron a Cristo en la tierra, así que él los negará en el cielo.

Aquellos que lo aceptaron en la tierra vivirán con Dios para siempre. «Oí una potente voz que provenía del trono y decía: ¡Aquí, entre los seres humanos, está la morada de Dios! Él acampará en medio de ellos, y ellos serán su pueblo; Dios mismo estará con ellos y será su Dios» (Apocalipsis 21.3). El narrador reitera este punto cuatro veces en cuatro oraciones consecutivas:

«Aquí está la morada de Dios».

«Él acampará en medio de hombres y mujeres».

«Ellos serán su pueblo».

«Él será su Dios».

El anuncio viene con la energía de un pequeño de seis años que avisa que llegó su padre de un largo viaje. «¡Llegó papa! ¡Llegó papá! ¡Mamá, papá regresó!». No basta con decirlo una vez. Esta noticia es tan importante que debe repetirse. Por fin veremos a Dios de frente. «Lo verán cara a cara» (Apocalipsis 22.4).

Medita en esta verdad. Verás el rostro de Dios. Mirarás a los ojos de Aquel que todo lo ve; verás los labios que dirigen la historia. Y si puede existir algo más maravilloso que el momento en que veas su rostro, será el momento en que él toque el tuyo. «Él les enjugará toda lágrima de los ojos» (Apocalipsis 21.4).

Dios secará tus lágrimas. No flexionará sus músculos ni manifestará su poder. Cualquier otro rey tal vez se pavonearía montado en su caballo o pronunciaría un discurso de victoria. Dios no. Él prefiere rozar tus mejillas con su mano, como si te dijera: «Ya está... no llores más».

¿Acaso no es lo mismo que hace un padre?

No entendía mucho sobre el tiempo que mi papá pasó en Maine. Las responsabilidades de su trabajo, sus actividades diarias, la razón por la que tuvo que marcharse. Era demasiado niño para comprender todos los detalles. Sin embargo, de algo estaba seguro: él regresaría a casa.

De la misma manera, ¿quién puede entender lo que está haciendo Dios? Estos días en la tierra pueden parecernos muy difíciles: empañados con conflictos, entristecidos por la separación. Peleamos, contaminamos, discriminamos y matamos. Las sociedades sufren a causa de innumerables feudos, ansiosos por constituirse en pequeñas dinastías. Nos preguntamos: *¿Hacia dónde va el mundo?* La respuesta de Dios: hacia un gran día. En el gran día toda la historia será consumada en Cristo. Él asumirá su posición «muy por encima de todo gobierno y autoridad, poder y dominio [...] no solo en este mundo, sino también en el venidero» (Efesios 1.21). Y él, el Autor de todas las cosas, cerrará el libro de esta vida, abrirá el libro de la próxima y comenzará a leernos de su historia sin final.

Capítulo 20

El cielo, ¡finalmente en casa!

Has estado más cerca del cielo de lo que quizás te hayas dado cuenta. Permíteme refrescarte la memoria. Concéntrate en los años después de los pañales, cuando estabas en el preescolar. ¿Te acuerdas de tu niñez? ¡Qué época tan espléndida! Levantarte de la cama era tremenda idea y levantar a tus papás era aún mejor. Lo más memorable del día era cuando salía el sol y el único momento malo era cuando tenías que acostarte. Tenías la edad suficiente para caminar, pero no para preocuparte. ¿De qué tendrías que preocuparte? El helado no tenía calorías, la imaginación no tenía límites y la vida no tenía salarios. No subías la escalera corporativa, sino la del parque infantil. La vida era simple. Tus deseos eran simples.

Podías pasarte una hora girando una lata de café o un día entero haciendo un hoyo en la arena de la playa. Tu agenda era simple. Nunca chequeabas un itinerario, ni consultabas un calendario ni hacías una cita. Si te ponías un reloj, era el de plástico que venía en la caja de cereal. La vida no tenía segunderos ni despertadores. ¿No era la vida más sencilla?

¿Qué pasó con la sencillez de la niñez?

El tiempo pasó. Los despertadores comenzaron a sonar. Las campanas de la escuela comenzaron a repicar. Las velas de cumpleaños comenzaron a multiplicarse. Pronto descubrimos la falacia de la expresión «decir la hora». No le decimos nada a las horas. Solo el tiempo habla: nos dice que aceleremos cuando la luz del semáforo está amarilla, que acortemos la conversación, que compremos la parcela en el cementerio. El sustantivo *tiempo* atrae preposiciones como un perro atrae moscas. Las «a» y los «con» se le pegan sin ningún esfuerzo. Termina el trabajo «a tiempo», y mejor es que trabajes en la tarea «con tiempo». Las exigencias del tiempo le roban la sencillez a la vida.

Lo mismo pasa con la complejidad de las cosas. Mira todo lo que tenemos que mantener: los autos con gasolina, las camas arregladas, los libros en los estantes, las puertas cerradas y las cuentas pagadas. ¿Qué niño de cuatro años está pensando en la cena de esta noche? ¿Y quién, a los cuarenta años, no lo hace? En algún momento, no podías diferenciar entre una hipoteca y un mono, y ahora es posible que tu hipoteca sea uno de los monos en tu espalda. Las cosas complican la vida.

Lo mismo pasa con la gente. Divorcios. Litigios. Papás que trabajan demasiado o hijos que nunca trabajan. La gente complica la vida. Rompen corazones y promesas, hacen líos y exigencias, y necesitan dosis diarias de gracia y perdón. La gente no era tan complicada en los días del parque infantil. Podías pelear un minuto y compartir un subibaja al siguiente. En estos días de adultos, nos enfurruñamos por más tiempo y nos ofendemos más profundamente. Mantener una lista de ofensores es... bueno, es complicado. Ha sido complicado desde que aparecieron el tiempo, las cosas y la gente. ¡Si tan solo pudiéramos deshacernos de todo esto!

Si tan solo pudiéramos seguir el ejemplo del vendedor de árboles de Navidad de Michigan. El día de Acción de gracias, él y su esposa emigran a San Antonio, y estacionan su remolque con pivote cuello de cisne al lado de una tienda llena con árboles de Navidad, y pasan la temporada suplementando su ingreso de jubilación. Él es muy amigable y me gusta escuchar sobre su sencillo itinerario. Un año, le pregunté adónde se irían después del día de Navidad. Esta fue su respuesta: «Creo que vamos al sur de Texas por un tiempo. En algún momento en marzo, hacemos una izquierda y nos vamos a Florida». Eso fue todo. ¡Ah, su itinerario me parecía perfecto! Mi agenda tenía más compromisos antes del almuerzo que el de él para todo el año. ¿No sería maravilloso empacarlo todo e ir al sur de Texas hasta marzo, y luego virar a la izquierda en dirección a la Florida?

Pero sabemos más que eso. Hemos aprendido un par de cosas. Nuestras complejidades se las ingenian para perseguirnos hasta Florida o Maine, o al campo de golf o al spa. Allí también hay presión de tiempo. Igual que los estreses de las cosas y la gente. Si lo que buscas es sencillez, no la encontrarás vendiendo árboles de

Navidad. Pero sí la encontrarás dándole otra ronda a la pregunta de la complejidad.

¿Qué complica realmente la vida? El pecado.

Pecar es recurrir a alguien o a algo en busca de lo que solo Dios puede darnos. Es recurrir a un cuerpo en forma o a un diploma de Harvard para sentirnos importantes. Es recurrir a una botella de *whisky* escocés y a una noche de sexo para manejar el dolor. Es recurrir al ajetreo religioso para lidiar con el sentido de culpa. Cuando le pedimos a cualquier cosa en la tierra que haga el trabajo del cielo, pecamos. Y el pecado convierte la vida en un complicado rompecabezas sudoku.

Calcula el tiempo que pasamos enmendando el daño del pecado de ayer. Luchando contra hábitos dañinos. Evitando relaciones tóxicas. Lamentándonos por las malas decisiones. ¿Cuánta energía gastas reparando las decisiones de ayer? ¿Estoy exagerando el caso cuando digo que la vida es complicada hoy porque pecamos ayer?

Veamos esto juntos. ¿Cuánto más sencilla sería tu vida si nunca pecaras? Si nunca desobedecieras a Dios. Si nunca ignoraras sus enseñanzas ni te rebelaras contra su voluntad. Extrae de tu vida todas las peleas, los atracones, las resacas, las adicciones, las discusiones, las deudas excesivas, los pensamientos impuros y los remordimientos. ¿Acaso las cosas no se simplifican rápidamente?

Sigue conmigo en esto. Multiplica tu respuesta por unos cuantos miles de millones. ¿Te imaginas lo distinto que sería el mundo si nadie pecara? Piensa en esto por un momento. Si nuestro mundo no tuviera pecado, ¿cómo sería diferente?

No habría bebés no deseados ni tensiones sin resolver. Ninguna nación estaría en guerra. Ninguna lengua chismearía, ningún esposo sería infiel, ninguna esposa reprendería. Una vida sin pecado significa no perder los estribos. Significa desarmar todas las bombas y deponer todas las armas. No nos ahogaríamos en deudas, comprando lo que no necesitamos con dinero que no tenemos para impresionar a personas que no conocemos. No nos reprocharíamos por haber tropezado ayer porque en una sociedad sin pecado no pecamos ayer ni tropezaremos mañana. Ni nunca.

¿Puedes imaginarte cómo se simplificaría la vida si el pecado no existiera? Si puedes hacerlo, te estás imaginando el cielo. La inexistencia del pecado es la razón principal por la que el cielo será simplemente extraordinario.

«Ya no habrá maldición» (Apocalipsis 22.3).

La maldición es la consecuencia del pecado, la resaca de la rebelión. En el huerto del Edén, Adán y Eva pecaron. Confiaron en un árbol para que les diera lo que solo Dios podía darles: vida. Cuando pecaron, la sencillez tomó el último vuelo a Seattle, y abrieron la puerta para que la complejidad se instalara.

El trabajo se volvió complejo. «¡Maldita será la tierra por tu culpa!» (Génesis 3.17). La tierra dejó de cooperar con los seres humanos, y comenzó a exigir «penosos trabajos» (v. 17) y a producir «cardos y espinas» (v. 18).

La relación con Dios se volvió compleja. Ya no caminaban con Dios. Ahora, le temían a su voz y esquivaban su presencia. Cuando Dios preguntó: «¿Dónde estás?», Adán contestó: «Escuché que andabas por el jardín, y tuve miedo porque estoy desnudo. Por eso me escondí» (Génesis 3.9-10). Como un enjambre de abejas asesinas, las emociones extrañas los atacaron: vergüenza, culpa y miedo. Relacionarse con Dios ya no era tan sencillo como una caminata por el huerto. Ni tampoco relacionarse el uno con el otro.

Adán culpó a Eva. Eva culpó a la serpiente. La serpiente no apareció por ningún lado. Las relaciones se volvieron complicadas. Y ahora sus días estaban contados. Observa el golpe del nocaut de la muerte: «Porque polvo eres, y al polvo volverás» (Génesis 3.19).

¡A eso le llamo un empujón al precipicio! Tan pronto mordieron la fruta, la tierra se endureció en contra de sus cuidadores. Adán y Eva se alejaron de Dios a toda prisa, y Dios inició el cronómetro de sus cuerpos físicos. La maldición complicó la vida. La cancelación de la maldición la simplificará.

«Ya no habrá maldición» (Apocalipsis 22.3).

No más lucha con la tierra. No más vergüenza delante de Dios. No más tensión entre las personas. No más muerte. No más maldición. La cancelación de la maldición devolverá al pueblo de Dios y al universo a su estado original. Él hará esto a causa de la obra de Jesucristo en la cruz. «Cristo nos rescató de la maldición de la ley al hacerse maldición por nosotros» (Gálatas 3.13). Cristo soportó todas las consecuencias de la maldición: vergüenza, humillación y hasta la muerte. Y como él lo hizo, la maldición será cancelada. Y como él lo hizo, finalmente la vida será sencilla.

No pecarás en el cielo. No pecarás en el cielo porque allí no serás tentado. Satanás, el tentador, será lanzado al «fuego eterno preparado para el diablo y sus ángeles» (Mateo 25.41). Ya no estará presente para tentarnos.

Sin embargo, ¿tenemos que esperar hasta el cielo para disfrutar de una vida más simple? ¿Estamos destinados y condenados a la locura mientras tanto? De ninguna manera. Puedes inaugurar la sencillez hoy. No tienes que ir a Florida para encontrarla. Pero sí necesitas un Salvador.

Jesucristo tiene grandes sueños para ti. Él ofrece alegría en esta vida y perfección en la próxima. ¿Quieres simplificar tu vida? Simplifica el hoy permitiendo que Jesús perdone tus pecados de ayer. «Despojémonos del lastre que nos estorba, en especial del pecado que nos asedia» (Hebreos 12.1). El pecado nos atrapa, nos enreda. Te hace tropezar.

¿Cuán desordenado está tu corazón? ¿Hace cuánto tiempo que no le permites a Dios limpiar tu pecado? Si ya hace algún tiempo, ahora entiendes por qué la vida parece tan desquiciada. Deja que Dios haga lo que él quiere hacer. «Si confesamos nuestros pecados, Dios, que es fiel y justo, nos los perdonará y nos limpiará de toda maldad» (1 Juan 1.9).

Simplifica el hoy dejando que Dios perdone el ayer.

Simplifica el mañana enfocando tu corazón en el cielo.

Tienes un amigo que te llevará allí. Su nombre es Jesús.

PREGUNTAS PARA
REFLEXIONAR

Preparadas por Andrea Lucado

PARTE 1

EMANUEL

1. ¿Quién es Jesús para ti? ¿Cómo lo describirías? ¿Qué sabes sobre él?

2. Max explicó que la palabra *Emanuel* se compone de dos palabras hebreas: *Emanu* y *Él.* ¿Qué significa cada una de estas palabras?
   - ¿Por qué nos referimos a Jesús con este nombre?

3. ¿En qué circunstancias vino Jesús a la tierra? ¿En qué tipo de familia nació? ¿En qué tipo de pueblo nació?
   - ¿Por qué crees que Dios envió a Jesús a la tierra de esta manera?

---

4. ¿Alguna vez has sostenido a un recién nacido en tus brazos? Si es así, ¿qué pensamientos cruzaron tu mente mientras lo hacías? ¿Qué deseaste para el bebé?

5. En Lucas 1.30-33, el ángel Gabriel le dijo a María: «No tengas miedo, María; Dios te ha concedido su favor [...] Quedarás encinta y darás a luz un hijo, y le pondrás por nombre Jesús. Él será un gran hombre, y lo llamarán Hijo del Altísimo. Dios el Señor le dará el trono de su padre David, y reinará sobre el pueblo de Jacob para siempre. Su reinado no tendrá fin». ¿Qué te imaginas que estaba pensando María mientras contemplaba a su bebé recién nacido y recordaba lo que Gabriel le había dicho?

6. Max señaló que Jesús nunca hizo mal uso de su poder sobrenatural: «Cristo jamás usó sus poderes sobrenaturales para beneficio personal. Con una sola palabra habría transformado la tierra dura en un lecho suave, pero no lo hizo. Con un movimiento de su mano pudo haber devuelto en el aire los escupitajos de sus acusadores y hacer blanco en sus rostros, pero no lo hizo. Con solo levantar sus cejas habría paralizado el brazo del soldado que le incrustaba la corona de espinas. Pero no lo hizo» (p. 21).
   • ¿Por qué piensas que Jesús se abstuvo de usar su poder aun cuando habría sido útil?

7. Según Max, ¿qué es lo más importante sobre el recorrido de Jesús desde el cielo a la tierra? (ver p. 23).

- ¿Crees que Jesús vino a la tierra por ti? Sí o no. ¿Por qué?

8. Jesús vino a vivir entre nosotros, y al hacerlo, experimentó lo que nosotros experimentamos. Lee los siguientes versículos:

En aquel momento Jesús, lleno de alegría por el Espíritu Santo, dijo: «Te alabo, Padre, Señor del cielo y de la tierra». (Lucas 10.21)

Cuando se acercaba a Jerusalén, Jesús vio la ciudad y lloró por ella. Dijo:
—¡Cómo quisiera que hoy supieras lo que te puede traer paz! Pero eso ahora está oculto a tus ojos. (Lucas 19.41-42)

—¡Ah, generación incrédula y perversa! —respondió Jesús—. ¿Hasta cuándo tendré que estar con ustedes? (Mateo 17.17)

Como a las tres de la tarde, Jesús gritó con fuerza:

—*Elí, Elí, ¿lama sabactani?* (que significa: «Dios mío, Dios mío, ¿por qué me has desamparado?»). (Mateo 27.46)

- ¿Qué emociones distintas está expresando Jesús en estos versículos?
- ¿Qué emociones crees que Jesús sintió mientras estuvo en la tierra? ¿Puedes pensar en algunos versículos que te insinúen estas emociones?

- ¿Cuál de estas emociones sientes con más frecuencia? ¿Cómo te sientes al saber que Jesús también se sintió así?

9. Menciona algo nuevo que hayas aprendido sobre Jesús en esta parte.

- ¿Cambia este nuevo conocimiento sobre Jesús la manera en que te relacionas con él en tu vida cotidiana? ¿Cómo podría cambiar la manera en que te relacionas con otros?

PARTE 2

AMIGO

1. Piensa en uno de tus mejores amigos o amigas. ¿Qué hace que
esta persona sea tu amiga? ¿Cuáles atributos de esta persona
son especialmente importantes en su amistad?

2. ¿Has pensado alguna vez en Jesús como tu amigo? Si es así,
¿qué clase de amigo piensas que es Jesús? Si no es así, ¿qué
tipo de persona te imaginas que fue Jesús mientras estuvo en
la tierra?

3. En la oficina de Max cuelga un dibujo de Jesús riéndose.
Imagínate por un momento que estás delante de Jesús y que
estás escuchando su risa. ¿Cómo afecta esto tu forma de

---

pensar en él como el Salvador?

- Piensa en otros dibujos de Jesús que hayas visto. Normalmente, ¿cómo lo representan en el arte? ¿Cuál toca tu corazón más profundamente?

4. Max señala que a Jesús lo invitaron a una boda en Caná (Juan 2.2). ¿Por qué crees que lo invitaron? ¿Qué te dice esto sobre Jesús?

- Piensa en la relación que tienes con Jesús hoy día. ¿Lo invitarías a una fiesta en la que fueras el anfitrión? Sí o no. ¿Por qué?

5. Llena los blancos: Jesús dijo: «Mi propósito es darles una vida _____ y _____ (Juan 10.10, NTV).

- Describe en tus propias palabras cómo luciría una vida plena y abundante.

- ¿Es este el tipo de vida que estás viviendo? Explica.

6. ¿Por qué Jesús quiere que sus seguidores vivan vidas plenas y abundantes?

- Describe a alguien que conozcas que sea un seguidor de Cristo y esté viviendo una vida plena y abundante. ¿Qué características o acciones indican que él o ella está viviendo plena y abundantemente?

- Ahora piensa en un seguidor de Cristo que no esté viviendo una vida plena ni abundante, sino más bien, como dice Max, una vida solemne y afligida (p. 41).

- ¿Qué semejanzas y diferencias ves en la manera en que

viven estos dos seguidores de Cristo?

7. Lee Lucas 5.27-32. ¿Quién era Leví cuando Jesús lo conoció? ¿Cuál era su reputación?
   * ¿Cómo trató Jesús a Leví, a pesar de su reputación?

8. ¿Qué dice la historia de Leví acerca de la clase de amigo que era Jesús? ¿Qué dice sobre la clase de amigos que debemos ser, aun con las personas distintas a nosotros?

9. Juan 1.14 dice que Jesús estaba «lleno de gracia y de verdad». En tu opinión, ¿qué ejemplo en la forma de tratar de Jesús a otros ejemplifica mejor su verdad y su gracia? ¿Por qué?
   * ¿Qué tal luce cuando les ofrecemos tanto gracia como verdad a nuestros amigos?

10. Según Juan 3.16, ¿quién recibe la vida eterna?
    * ¿Qué piensas de esto? ¿Lo crees? ¿Piensas que es justo o injusto? Explica tu respuesta.

11. Jesús se hizo amigo de otros personajes aparentemente incompatibles en la Biblia. En Juan 4, Jesús habló con una mujer samaritana y le reveló su verdadera identidad como el Mesías. En Lucas 19, se invitó a quedarse con un recaudador de impuestos llamado Zaqueo. Para la gente de los tiempos de Jesús, ¿qué fue lo más sorprendente acerca de la interacción de Jesús con la mujer samaritana y con Zaqueo?

12. Cuando de salvación se trata, ¿puedes pensar en alguien a quien el mundo podría ver como una mujer samaritana o un Zaqueo? ¿Alguien que, desde la perspectiva del mundo, no debería entrar al cielo? ¿Hay alguna persona o un grupo de personas que te cuesta trabajo creer que caen bajo la política de «cualquiera» del evangelio?

   • ¿Cómo crees que se siente Jesús acerca de esta persona o este grupo de personas?

13. Menciona algo nuevo que hayas aprendido sobre Jesús en esta parte.

   • ¿Cómo este nuevo conocimiento sobre Jesús podría cambiar la manera en que te relacionas con él en tu vida cotidiana? ¿Cómo podría cambiar la manera en que te relacionas con otros?

PARTE 3

MAESTRO

1. ¿Tienes un maestro favorito, ya sea un maestro que tuviste en
la escuela, un maestro en la iglesia o un mentor? ¿Qué es lo
que más te gusta, o te gustaba, de este maestro?
- ¿Cuáles son algunas de las características de un buen
maestro?

2. ¿Piensas alguna vez en Jesús como tu maestro? Sí o no. ¿Por
qué?
- Si tu respuesta es sí, ¿qué te ha enseñado Cristo
recientemente? Si tu respuesta es no, ¿de qué maneras Jesús
podría ser tu maestro?

3. Lee la historia de la mujer sorprendida en adulterio en Juan 8.2-11.

   • ¿Qué es sorprendente sobre la conducta de Jesús en esta historia?

   • ¿Cuál crees que haya sido la estrategia de enseñanza de Jesús aquí?

   • ¿Qué lección les dio a los fariseos y a los maestros de la ley?

   • ¿Qué lección le dio a la mujer?

4. Mateo 7.29 dice: «[Jesús] les enseñaba como quien tenía autoridad». ¿Sobre qué Jesús tenía autoridad? O, ¿cuáles eran algunas de sus áreas de especialidad?

5. Max puntualizó que Jesús no alardeó ni escondió su conocimiento de Dios. Él lo compartió con nosotros (p. 78). ¿Cómo comparte Jesús su conocimiento con nosotros?

6. Identifica uno o dos aspectos de Dios o de la fe que te cuesten trabajo entender. ¿Cómo Cristo arroja luz sobre estos temas, ya sea en las Escrituras o a través de la oración?

7. ¿Hay alguna situación o área en tu vida en la que necesites prestar atención a estas palabras de Jesús: «Déjenme enseñarles» (Mateo 11.29, NTV)? Si es así, ¿cuál es la situación? ¿Qué piensas que Jesús tiene que enseñarte?

8. Justo antes de comenzar su ministerio, Jesús fue tentado por Satanás en el desierto durante cuarenta días. Lee sobre las tres tentaciones registradas en las Escrituras:

—Si eres el Hijo de Dios —le propuso el diablo—, dile a esta piedra que se convierta en pan. (Lucas 4.3)

Entonces el diablo lo llevó a un lugar alto y le mostró en un instante todos los reinos del mundo.

—Sobre estos reinos y todo su esplendor —le dijo—, te daré la autoridad, porque a mí me ha sido entregada, y puedo dársela a quien yo quiera. Así que, si me adoras, todo será tuyo. (Lucas 4.5-7).

El diablo lo llevó luego a Jerusalén e hizo que se pusiera de pie en la parte más alta del templo, y le dijo:
—Si eres el Hijo de Dios, ¡tírate de aquí! Pues escrito está:
»"Ordenará que sus ángeles te cuiden.

Te sostendrán en sus manos
para que no tropieces con piedra alguna"».
(Lucas 4.9-11)

• ¿Cómo trató Satanás de tentar a Jesús?

9. Ahora, lee la respuesta de Jesús para cada tentación:

Jesús le respondió:
—Escrito está: «No solo de pan vive el hombre».
(Lucas 4.4)

Jesús le contestó:
—Escrito está: «Adora al Señor tu Dios y sírvele solamente a él». (Lucas 4.7-8)

—También está escrito: «No pongas a prueba al Señor tu Dios» —le replicó Jesús. (Lucas 4.12)

- ¿Cuál fue el arma de Jesús contra Satanás? ¿Cuáles son nuestras mejores armas contra Satanás?
- ¿Qué te dice esta historia acerca de cómo puedes prepararte para el ministerio o cualquier otro llamado que tengas en tu vida?

10. Lee Juan 15.4-10. Según este pasaje, ¿cómo damos fruto?
- Lee Gálatas 5.22. ¿Qué tipo de fruto damos cuando permanecemos en Cristo?

11. ¿Cuáles son algunas de las maneras en las que puedes permanecer en tu maestro Jesús esta semana? ¿Cómo podrías conectarte con él en una forma significativa?

12. Menciona algo nuevo que hayas aprendido sobre Jesús en esta parte.
- ¿Cómo este nuevo conocimiento sobre Jesús podría cambiar la manera en que te relacionas con él en tu vida cotidiana? ¿Cómo podría cambiar la manera en que te relacionas con otros?

PARTE 4

HACEDOR DE MILAGROS

1. Max nos pregunta al principio de esta parte: «¿Crees en los milagros divinos?» (p. 99). ¿Crees en los milagros? Sí o no. ¿Por qué?

2. Si crees en los milagros, ¿alguna vez has sido testigo de un milagro o has vivido uno personalmente? Si es así, ¿qué ocurrió? ¿Cómo sabes que esto fue un milagro?
   - Si no crees en los milagros, o si no estás seguro, ¿alguna vez has sido testigo de o has experimentado algo tan extraordinario o increíble que es difícil de explicar con el entendimiento humano? ¿Cómo fue esta experiencia para ti?

---

3. Llena los blancos: «Los milagros de Jesús no fueron
_____; fueron _____. No estuvieron _____ de su
historia; fueron _____ en ella» (p. 101).

- Según Juan 20.30-31, ¿por qué los milagros de Jesús son el
  centro de atención en los Evangelios?
- ¿Acaso los milagros de Jesús son el centro de atención en
  la forma en que ves y entiendes a Jesús y su vida? Sí o no.
  ¿Por qué?

4. ¿Cómo calmó Jesús el viento y las olas en Marcos 4.39? ¿Qué
te dice esto sobre su poder y autoridad?

5. ¿Has sentido alguna vez a Jesús en medio de una «tormenta»
en tu vida; en una etapa oscura o difícil de la que pensabas
que no saldrías? Si es así, ¿cómo trajo él paz o calma en esta
etapa o circunstancia?

6. ¿Cómo Max define la fe en la página 113?

- Según esta definición, ¿cuánta fe dirías que tienes ahora
  mismo? ¿Por qué?

7. Lee Marcos 5.24-28. ¿Qué tipo de fe tenía la mujer que
padecía de hemorragias?

- ¿Por qué piensas que ella creía que Jesús podía sanarla?

8. ¿Has estado alguna vez en una situación desesperada en la
que clamaste a Dios como tu último recurso? ¿Qué ocurrió?
¿Cómo esta experiencia afectó tu fe?

9. ¿Dónde necesitas la sanidad de Jesús en tu vida en estos momentos? ¿En tu salud, una relación, un sueño perdido, tu fe?

   • ¿Cómo podrías, igual que la mujer que padecía de hemorragias, dar un paso de fe y pedirle ayuda a Jesús, o tal vez un milagro?

10. En Marcos 2.1-12 leemos la historia sobre un grupo de amigos comprometidos. Ellos estaban decididos a llevar a su amigo paralítico ante Jesús. Como no podían acercarse hasta la casa donde Jesús estaba predicando, encontraron otra manera de hacerlo. Marcos 2.4 dice: «Como no podían acercarlo a Jesús por causa de la multitud, quitaron parte del techo encima de donde estaba Jesús y, luego de hacer una abertura, bajaron la camilla en la que estaba acostado el paralítico».

    • ¿Has tenido alguna vez un amigo o un grupo de amigos que se ha unido a ti en oración por sanidad física, emocional o espiritual? Si es así, ¿cómo afectó esto tus circunstancias y tu fe?

    • Si necesitas sanidad en algún área de tu vida, ¿tienes algún amigo, familiar o ser querido que pueda unirse a ti en oración? Si es así, ¿puedes comunicarte con esa persona en esta semana?

11. Lee Marcos 2.10-12. ¿Cómo respondió Jesús al paralítico y a sus amigos?

    • ¿Cómo respondes cuando tus amigos te piden que ores por ellos?

12. Según Juan 9.38, ¿cómo respondió el ciego cuando Jesús lo sanó?

- ¿Cuál es tu primera respuesta cuando algo bueno ocurre inesperadamente en tu vida?
- ¿Por cuál milagro en tu vida —grande o pequeño— podrías agradecerle a Jesús hoy día en adoración?

13. Menciona algo nuevo que hayas aprendido sobre Jesús en esta parte.

- ¿Cómo este nuevo conocimiento sobre Jesús podría cambiar la manera en que te relacionas con él en tu vida cotidiana?
- ¿Cómo podría cambiar la manera en que te relacionas con otros?

PARTE 5

CORDERO DE DIOS

1. ¿Qué es el amor santo? (p. 126)
   - ¿Te inclinas más a pensar en Dios como amoroso o como santo? ¿Por qué?
   - ¿Por qué es importante que la fe cristiana involucre a un Dios que sea tanto amoroso como santo?
   - ¿Qué papel jugó Jesús en comunicar el santo amor de Dios al pueblo de Dios?

2. Lee Mateo 1.20-21. ¿Qué significa el nombre Jesús?
   - Antes de leer esta parte, ¿ya entendías el sacrificio de Cristo en la cruz? ¿Estabas familiarizado con el concepto teológico de la «expiación por sustitución»? ¿Está claro o es un poco confuso? Explícalo en tus propias palabras.

3. Juan 13.3-5 describe a Jesús lavándoles los pies a los discípulos. Esto fue un acto de humildad y servicio hacia los discípulos. Podrías argumentar que los discípulos no merecían que Jesús los tratara así porque todos le habían fallado de alguna manera.

- ¿Cómo Felipe le falló a Jesús?
- ¿Cómo Santiago y Juan le fallaron a Jesús?
- ¿Cómo Pedro le falló a Jesús?
- ¿Cómo Judas le falló a Jesús?
- Sin embargo, aun así, Jesús les lavó los pies a todos los discípulos. ¿Qué te dice esto sobre nuestra salvación en Cristo?

4. La noche antes de la crucifixión, mientras estaba en el huerto de Getsemaní, Jesús «se postró en tierra y empezó a orar que, de ser posible, no tuviera él que pasar por aquella hora. Decía: "*Abba*, Padre, todo es posible para ti. No me hagas beber este trago amargo, pero no sea lo que yo quiero, sino lo que quieres tú"» (Marcos 14.35-36). ¿Qué nos enseña esta oración sobre Jesús y sobre lo lejos que está dispuesto a llegar para salvar nuestras almas?

- ¿Le has pedido a Dios alguna vez que te rescate de algo difícil que sabías que iba a ocurrir? Si es así, ¿qué le pediste a Dios que hiciera o qué deseabas que ocurriera frente a esa circunstancia difícil?

5. Si Jesús sintió miedo, ¿por qué fue a la cruz?

- ¿Hay alguien en tu vida por quien estarías dispuesto a sufrir o hasta morir? Si es así, ¿quién es la persona? ¿Por qué sufrirías por él o ella?
- ¿Cómo te afecta saber que Jesús tuvo los mismos sentimientos por ti?

6. Las últimas palabras de Jesús desde la cruz fueron: «Todo se ha cumplido» (Juan 19.30). ¿Qué quiso decir cuando las dijo?
- ¿Cuáles son algunas de las áreas incompletas de tu vida? ¿Una relación rota que no has reparado? ¿Un sueño que no se ha hecho realidad? ¿Cómo te sientes a causa de estos asuntos sin resolver?

7. Al reflexionar en que Jesús pagó por tus pecados en la cruz y que tu salvación es final a través de él, ¿cómo afecta esto tu forma de ver las áreas en tu vida que parecen estar incompletas?

8. En Gálatas 3.27 dice que los creyentes «se han revestido de Cristo». ¿Qué significa revestirse de Cristo?

9. Menciona algo nuevo que hayas aprendido sobre Jesús en esta parte.
- ¿Cómo este nuevo conocimiento sobre Jesús podría cambiar la manera en que te relacionas con él en tu vida cotidiana? ¿Cómo podría cambiar la manera en que te relacionas con otros?

PARTE 6

EL REY QUE VENDRÁ
OTRA VEZ

1. ¿Con cuánta frecuencia piensas en el cielo: todos los días, de vez en cuando, nunca? ¿Por qué? ¿Qué te motiva a pensar en el cielo?

2. Max señaló que aunque nos guste viajar, todos anhelamos llegar a un destino. ¿Alguna vez has hecho un largo viaje en auto o en avión? Si es así, ¿cómo te sentiste cuando por fin llegaste a tu destino?

3. Llena el blanco: «Si Dios es Dios en todo lugar, entonces tiene que ser Dios frente a la _____» (p. 160).

- ¿Cómo explicarías lo que Max quiere decir con esta oración?
- ¿Qué piensas al leerla?

4. Max nos habló sobre tres historias de resurrección en esta sección:

El hijo de la viuda en Lucas 7.11-17

La hija de Jairo en Lucas 8.40-56

Y Lázaro, el hermano de Marta y María en Juan 11.1-44

- ¿Has tenido que enfrentar alguna vez la muerte de un ser amado? Cuando piensas en esa experiencia, ¿puedes ver a Dios obrando en esa historia? Si es así, ¿cómo? Si no, ¿qué papel crees que juega Dios en la muerte, si alguno?

5. Cuando Jesús declaró: «Todo se ha cumplido» (Juan 19.30), ¿a qué se refería? ¿Qué no terminó en la cruz?

6. ¿Qué nos dicen estas historias de resurrección —la de Jesús y las personas que él resucitó en los Evangelios— sobre nuestra propia muerte?

- ¿Qué nos dicen estas historias de resurrección sobre nuestras vidas hoy día?

7. Hasta aquí has leído sobre Jesús como Emanuel, amigo, maestro, hacedor de milagros y el Cordero de Dios, pero ¿cuál será el título final de Jesús (ver Apocalipsis 19.16)?

- ¿Cómo se vería tu vida hoy día si consideraras a Jesús como tu Rey? ¿Cambiaría algo? Si es así, ¿qué cambiaría?

8. Apocalipsis 22.4 afirma que veremos a Dios cara a cara. Imagínate cómo será eso. ¿Qué quieres decirle a Dios cuando lo veas cara a cara? ¿Qué quieres que él te diga?

- Hoy día no podemos ver literalmente el rostro de Dios, pero gracias a Jesús, Dios está presente en nuestra vida cotidiana. ¿De qué maneras has visto el rostro de Dios?
- ¿Qué pasaría si buscaras el rostro de Dios en las personas que te rodean? ¿Cambiaría esto la manera en que respondes a las personas en tu vida?

9. Max dice que lo que complica de verdad nuestras vidas es el pecado. ¿Cómo el pecado complica tu vida?

- ¿Cuáles serían las diferencias más significativas en tu vida si nunca pecaras?

10. En Apocalipsis 22.3 dice que en el cielo «ya no habrá maldición». ¿A qué maldición está aludiendo este versículo?

- Si tenemos en cuenta lo lejos que se remonta nuestra historia con el pecado —hasta Adán y Eva (Génesis 3)— ¿cómo sería vivir en un lugar sin pecado?
- ¿Cómo imaginarte esto trae esperanza en medio de las circunstancias duras y difíciles de tu vida?

11. Si bien el cielo puede parecernos lejano, Jesús ya ha eliminado la maldición del pecado. El pecado no tiene que agobiarnos, comenzando hoy mismo. ¿Has dejado que Jesús lleve la culpa y la carga de tu pecado?

- Si no es así, ¿qué te detiene?

- Aunque le hayamos entregado a Jesús nuestra culpa y nuestros pecados, necesitamos practicar diariamente la confesión y la rendición a lo largo de la vida cristiana. ¿Qué pecado, preocupación o problema necesitas entregarle a Dios hoy día?

12. Al llegar al final de este libro, piensa en quién era y es Jesús: Emanuel, amigo, maestro, hacedor de milagros, Cordero de Dios y Rey. ¿A cuál Jesús necesitas más hoy? ¿Cómo podrías comprometerte a conocer mejor a ese Jesús?

Fuentes

Texto adaptado y extraído de las siguientes fuentes:

INTRODUCCIÓN
Acércate sediento

CAPÍTULO 1: NACIDO PARA TI HOY
Cura para la vida común
Enfrente a sus gigantes
Diez hombres de la Biblia
La vela de Navidad

CAPÍTULO 2: UNA NOCHE FUERA DE LO COMÚN
Enfrente a sus gigantes
Cura para la vida común

CAPÍTULO 8: EL ESTAFADOR

Gracia

Con razón lo llaman el Salvador

CAPÍTULO 9: ÉL SE INCLINÓ POR ELLA

3:16

Más allá de tu vida

Días de gloria

Gracia

Con razón lo llaman el Salvador

CAPÍTULO 10: COMO QUIEN TENÍA AUTORIDAD

3:16

CAPÍTULO 11: EL CAMINO A TRAVÉS DEL DESIERTO

3:16

La gran casa de Dios

Mi Salvador y vecino

CAPÍTULO 12: «YO SOY LA VID»

Esperanza inconmovible

3:16

Gran día cada día

Y los ángeles guardaron silencio

Ansiosos por nada

CAPÍTULO 13: EL VIENTO Y EL MAR LE OBEDECEN

La gran casa de Dios
Cura para la vida común
Sin temor

CAPÍTULO 14: TU FE TE HA SANADO

Diez mujeres de la Biblia
Todavía remueve piedras
Gente común

CAPÍTULO 15: LO MARAVILLOSO DE LA ADORACIÓN

Más allá de tu vida
Todavía remueve piedras
En el ojo de la tormenta
Mi Salvador y vecino

CAPÍTULO 16: DIOS SALVA

A causa de Belén
El secreto de la felicidad
Gracia
Y los ángeles guardaron silencio
Mi Salvador y vecino

CAPÍTULO 17: «TODO SE HA CUMPLIDO»

Mi Salvador y vecino
Con razón lo llaman el Salvador
La gran casa de Dios
Él escogió los clavos
3:16

Notas

CAPÍTULO 7: CUALQUIERA
1. Alfred Edersheim, *The Life and Times of Jesus the Messiah*, V. O. (Peabody, MA: Hendrickson Publishers, 1993), pp. 62-63 [*La vida y los tiempos de Jesús el Mesías* (Barcelona: Libros CLIE, 1989)].

CAPÍTULO 12: «YO SOY LA VID»
1. Kent y Amber Brantly con David Thomas, *Called for Life: How Loving Our Neighbor Led Us into the Heart of the Ebola Epidemic* (Colorado Springs, CO: WaterBrook, 2015), p. 97.
2. Hebrews 4.16.
3. Brantley, *Called for Life*, p. 97.
4. Thomas Obediah Chisholm, «¡Oh, tu fidelidad!», trad. Honorato T. Reza, https://gotasdegracia.wordpress.com/tag/honorato-reza/.
5. Annie S. Hawks, «Señor, te necesito», https://www.lds.org/music/library/hymns/i-need-thee-every-hour?lang=eng&clang=spa.
6. Brantly, *Called for Life*, p. 115.

CAPÍTULO 16: DIOS SALVA

1. Matthew Henry, *Matthew to John*, vol. 5 of *Matthew Henry's Commentary on the Whole Bible* (Old Tappan, NJ: Fleming H. Revell, 1985), p. 428.

CAPÍTULO 17: TODO SE HA CUMPLIDO

1. Walter Bauer, *A Greek-English Lexicon of the New Testament*, trad. William F. Arndt y F. Wilbur Gingrich (Chicago: University of Chicago Press, 1979), p. 50.
2. Josef Blinzler, *The Trial of Jesus: The Jewish and Roman Proceedings Against Jesus Christ Described and Assessed from the Oldest Accounts, trad.*, Isabel McHugh y Florence McHugh (Westminster, MD: Newman Press, 1959), p. 103.

PARTE 6: EL REY QUE VENDRÁ OTRA VEZ

1. Sonam Joshi, «The World's Most Expensive Flight Costs $38,000—One Way», Mashable, May 5, 2016, https://mashable.com/2016/05/05/worlds-most-expensive-flight-eithad-mumbai/#bC_o003sjgqB.
2. C. S. Lewis, *La travesía del viajero del alba* (Nueva York: Rayo, 2005), pp. 269-70.

☙ La guía del lector de Lucado ☙

Descubre dentro de cada libro escrito por Max Lucado palabras de aliento e inspiración que te llevarán a una experiencia más profunda con Jesús y encontrarás tesoros para andar con Dios. ¿Qué vas a descubrir?

3:16, Los números de la esperanza
...las 28 palabras que te pueden cambiar la vida.
Escritura central: Juan 3.16

Acércate sediento
...cómo rehidratar tu corazón y sumergirte en el pozo del amor de Dios.
Escritura central: Juan 7.37–38

Aligere su equipaje
...el poder de dejar las cargas que nunca debiste cargar.
Escritura central: Salmo 23

Aplauso del cielo
...el secreto a una vida que verdaderamente satisface.
Escritura central: Las Bienaventuranzas, Mateo 5.1–10

Como Jesús
...una vida libre de la culpa, el miedo y la ansiedad.
Escritura central: Efesios 4.23–24

Cuando Cristo venga
...por qué lo mejor está por venir.
Escritura central: 1 Corintios 15.23

Cuando Dios susurra tu nombre
...el camino a la esperanza al saber que Dios te conoce, que nunca se olvida de ti y que le

importan los detalles de tu vida.
Escritura central: Juan 10.3

Cura para la vida común
...las cosas únicas para las cuales Dios te diseñó para que hicieras en tu vida.
Escritura central: 1 Corintios 12.7

Él escogió los clavos
...un amor tan profundo que escogió la muerte en una cruz tan solo para ganar tu corazón.
Escritura central: 1 Pedro 1.18–20

El trueno apacible
...el Dios que hará lo que se requiera para llevar a sus hijos de regreso a él.
Escritura central: Salmo 81.7

En el ojo de la tormenta
...la paz durante las tormentas de tu vida.
Escritura central: Juan 6

En manos de la gracia
...el regalo mayor de todos, la gracia de Dios.
Escritura central: Romanos

Enfrente a sus gigantes
...cuando Dios está de tu parte, ningún desafío puede más.
Escritura central: 1 y 2 Samuel

Gracia
...el regalo increíble que te salva y te sostiene.
Escritura central: Hebreos 12.15

Gran día cada día
...cómo vivir con propósito te ayudará a confiar más y experimentar menos estrés.
Escritura central: Salmo 118.24

Más allá de tu vida
...un Dios grande te creó para que hicieras cosas grandes.
Escritura central: Hechos 1

Mi Salvador y vecino
...un Dios que caminó las pruebas más difíciles de la vida y todavía te acompaña en las tuyas.
Escritura central: Mateo 16.13–16

El secreto de la felicidad
...un plan personal para descubrir la alegría en cualquier época de la vida.
Escritura central: Hechos 20.35

Sin temor
...cómo la fe es el antídoto al temor en tu vida.
Escritura central: Juan 14.1, 3

Todavía remueve piedras
...el Dios que todavía obra lo imposible en tu vida.
Escritura central: Mateo 12.20

Un amor que puedes compartir
...cómo vivir amado te libera para que ames a otros.
Escritura central: 1 Corintios 13

Lectura recomendada si tienes dificultades con...

MIEDO Y PREOCUPACIÓN

Ansiosos por nada
Antes del amén
Acércate sediento
Sin temor
Para estos tiempos difíciles
Mi Salvador y vecino
Aligere su equipaje

DOLOR/MUERTE DE UN SER QUERIDO

Mi Salvador y vecino
Aligere su equipaje
Cuando Cristo venga
Cuando Dios susurra tu nombre
Saldrás de esta

CULPA

En manos de la gracia
Como Jesús

SOLEDAD

Dios se acercó

PECADO

Antes del amén
Enfrente a sus gigantes
Él escogió los clavos
Seis horas de un viernes

AGOTAMIENTO

Antes del amén
Cuando Dios susurra tu nombre
Saldrás de esta

DESALIENTO

Todavía remueve piedras
Mi Salvador y vecino

Lectura recomendada si quieres saber más sobre...

LA CRUZ

Y los ángeles guardaron silencio
Él escogió los clavos
Con razón lo llaman el Salvador
Seis horas de un viernes

GRACIA

Antes del amén
Gracia
Él escogió los clavos
En manos de la gracia

CIELO

Aplauso del cielo
Cuando Cristo venga

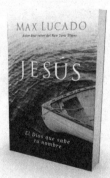

COMPARTIENDO EL EVANGELIO

Dios se acercó
Gracia
Con razón lo llaman el Salvador

Lectura recomendada si estás buscando por más...

CONSUELO

Para estos tiempos difíciles
Él escogió los clavos
Mi Salvador y vecino
Aligere su equipaje
Saldrás de esta

COMPASIÓN

Más allá de tu vida

VALOR

Enfrente a sus gigantes
Sin temor

ESPERANZA

3:16 Los números de la esperanza
Antes del amén
Enfrente a sus gigantes
El trueno apacible
Dios se acercó
Gracia
Esperanza inconmovible

GOZO

Aplauso del cielo
Cura para la vida común
Cuando Dios susurra tu nombre
El secreto de la felicidad

AMOR

Acércate sediento
Un amor que puedes compartir
Con razón lo llaman el Salvador

PAZ

Y los ángeles guardaron silencio
Ansiosos por nada
Antes del amén
En el ojo de la tormenta
Aligere su equipaje
Saldrás de esta

SATISFACCIÓN

Y los ángeles guardaron silencio
Acércate sediento
Cura para la vida común
Gran día cada día

CONFIANZA

El trueno apacible
No se trata de mí
Mi salvador y vecino

¡Los libros de Max Lucado son un gran regalo!

PARA ADULTOS:

Ansiosos por nada
Para estos tiempos difíciles
Gracia para todo momento
Esperanza inconmovible
El secreto de la felicidad
Un cafecito con Max

PARA ADOLESCENTES/GRADUADOS:

Todo lo que Dios tiene para ti

PARA NIÑOS:

Por si lo querías saber
Tú eres especial

DURANTE LA NAVIDAD:

A causa de Belén
El corderito tullido
La vela de Navidad
Dios se acercó